1re

PREP@BAC

les bases

Sciences économiques et sociales

Jean-Claude Drouin
Professeur de sciences économiques
et sociales

HATIER

Maquette de principe : Graphismes
Mise en pages : Frank Dubiez
Coordination éditoriale : Dominique Colombani, Gwenaëlle Ohannessian

 2-218-73603-9

SOMMAIRE

Partie I : les activités économiques et sociales

1 LE FONCTIONNEMENT DE L'ÉCONOMIE

2 LE FINANCEMENT DE L'ÉCONOMIE

3 LES STRUCTURES SOCIALES

4 LA SOCIALISATION ET LA CULTURE

5 L'ORGANISATION POLITIQUE

Partie II : la régulation économique et sociale

6 LES MÉCANISMES DU MARCHÉ

7 L'ENTREPRISE ET SES MARCHÉS

8 LES LIMITES DU MARCHÉ

9 L'ACTION RÉGULATRICE DES POUVOIRS PUBLICS

10 LE CONTRÔLE SOCIAL

Annexes

MODE D'EMPLOI

Les informations rassemblées dans ce Prép@bac sont organisées en rubriques afin de vous permettre de progresser rapidement et efficacement.

AVANT DE COMMENCER

Vous trouverez là les connaissances de base que vous devez déjà avoir acquises pour traiter le chapitre à venir.

Vous pourrez y vérifier rapidement que toutes ces données vous sont familières et au besoin réviser ce que vous n'avez pas complètement assimilé. Vous commencerez le nouveau chapitre sûr(e) de vos acquis antérieurs.

LES BASES

Vous devez apprendre et mémoriser parfaitement l'ensemble de ce qui vous est présenté. Il s'agit de l'« essentiel », par conséquent tout est à retenir.

PIÈGES ET DIFFICULTÉS

Cette rubrique vous signale les erreurs, les confusions le plus souvent présentes dans vos copies.

SAVOIR FAIRE

Chaque matière a ses exigences. Nous vous présentons ici les moyens indispensables, les méthodes qui vous aideront à savoir faire ce que l'on attend de vous.

FAIRE LE POINT

À l'aide des questions, testez vos connaissances, repérez ce que vous ne maîtrisez pas encore, comparez avec les réponses en bas de page.
Ainsi cet ouvrage est prévu pour vous accompagner tout au long de l'année et pendant vos révisions.

PROGRAMME

Thèmes du programme	**Notions** que les élèves doivent connaître et savoir utiliser
Introduction : lien marchand, lien social, lien politique	
1. Les activités économiques et sociales	
1.1. Les activités économiques. **A. Une représentation du fonctionnement de l'économie.**	
Les acteurs et leurs relations	Entreprises, ménages, administrations, institutions financières, extérieur. Production, consommation intermédiaire, revenu, formation brute de capital, consommation finale, dépense.
Les échanges extérieurs	Balance courante, taux de couverture, taux d'ouverture.
La mesure de l'activité économique	VA (valeur ajoutée), PIB, taux de marge, équilibre emplois-ressources, taux d'épargne, taux d'investissement.
B. Le financement de l'économie	
L'équilibre financier des agents	Capacité, besoin de financement.
Financement intermédié et financement de marché	Autofinancement, crédit, action, obligation, taux d'intérêt.
Formes et fonctions de la monnaie	Monnaie fiduciaire, monnaie scripturale.
Création monétaire	
1.2. L'organisation sociale **A. La structure sociale**	
Une classification de la population : les professions et catégories socioprofessionnelles (P.C.S.)	Groupe social, catégories socioprofessionnelles.
Classes et stratification sociales	Holisme, individualisme, rapports sociaux, hiérarchie, domination, classes sociales.
B. La socialisation : déterminismes et interactions	Valeurs, normes, rôles, statuts, reproduction.
C. La culture : transmission et construction collective ?	Intégration, acculturation, sous-culture, conflits culturels.

1.3. L'organisation politique	
A. État de droit	Pouvoir, nation, légitimité, État, règles de droit.
B. Niveaux de pouvoir	Pouvoir central/local, supranational, subsidiarité.
C. Citoyenneté	Contrat social, participation, représentation.
2. La régulation économique et sociale	
2.1. La coordination par le marché	
A. Marché et société	
L'institutionnalisation du marché	Échange marchand et non-marchand, don.
Rapports marchands et ordre social	Droits de propriété.
B. Les mécanismes du marché	
Formation de l'offre, de la demande et du prix d'équilibre sur la marché	Prix d'équilibre, quantité d'équilibre.
Dynamique des marchés et régulation concurentielle	Information, rationnement de l'offre ou de la demande, élasticité.
La pluralité des situations de marché	Concurrence parfaite, monopole, oligopole, concurrence monopolistique.
C. L'entreprise et les marchés	
Les stratégies des entreprises	Coûts, profit, productivité, économies d'échelle, concentration, coopération, barrières à l'entrée et à la sortie, différenciation, innovation.
Le contrôle de la concurrence	Abus de position dominante.
D. Les défaillances du marché	
2.2. L'action régulatrice des pouvoirs publics	
A. Les fondements de l'intervention des pouvoirs publics : allocation, redistribution, régulation, réglementation	Externalités et biens collectifs, égalité-inégalité, redistribution, protection sociale, assistance / assurance.
B. Les moyens d'action des pouvoirs publics	Prélèvements obligatoires, dépense publique, service public/privé
C. Limites de l'intervention des pouvoirs publics	La contrainte budgétaire, la contrainte extérieure.
D. Les défaillances des pouvoirs publics	
2.3. Régulation et cohésion sociale	
A. Contrôle social : normes et interactions	
Construction des normes	Règles, production des normes, contraintes, sanctions.
Conformité et déviance	Déviance / délinquance, stigmatisation, étiquetage, marginalité.
B. Conclusion : régulation sociale et conflits	Négociation, mouvements sociaux.

PARTIE I

Les activités économiques et sociales

1 Le fonctionnement de l'économie

AVANT DE COMMENCER

A Quelques définitions de l'économie

■ « L'économie politique se propose d'enrichir à la fois le peuple et le souverain. » Adam Smith, *Recherches sur l'origine et la cause de la richesse des nations*, 1776.

■ « L'économie politique enseigne comment se forment, se distribuent et se consomment les richesses qui satisfont aux besoins des sociétés. » Jean-Baptiste Say, *Traité d'économie politique*, 1803.

■ « L'économie politique, ou encore l'économie sociale, est la science des lois sociales régissant la production et la distribution des moyens matériels servant à satisfaire les besoins humains. » Oscar Lange, *Économie politique*, 1959.

B Mémorisez les grandes fonctions économiques

► La **production** est définie par l'Institut national de la statistique et des études économiques (INSEE) comme l'activité socialement organisée consistant à créer des biens et des services s'échangeant sur le marché et/ou obtenus à partir des facteurs de production s'échangeant sur le marché.

► La **répartition** est une fonction économique qui permet la distribution de la production à l'intérieur d'une société donnée. Cette répartition s'effectue grâce aux revenus monétaires qui rémunèrent les facteurs de production (travail et capital). À cette répartition primaire des revenus s'ajoute une répartition secondaire (transferts sociaux) afin de corriger les inégalités et d'éviter l'exclusion sociale.

► La **consommation** est la finalité de l'activité économique. L'opération de consommation a pour objet de satisfaire les besoins humains par l'usage de biens et services achetés sur le marché (biens et services marchands) ou proposés par les administrations publiques (économie non marchande).

I Les acteurs de l'économie

1 Les ménages et la consommation

Définition

Pour les comptables nationaux, un ménage est une unité de consommation. Il est constitué d'une ou de plusieurs personnes qui vivent et consomment en commun. On parle également de ménages pour la population des institutions (hôpitaux, casernes, internat scolaire). Il ne faut pas confondre le ménage, notion économique, avec la famille considérée comme un groupe social et étudié, en tant que tel, par les sociologues.

Les revenus des ménages

■ Les revenus primaires

La répartition primaire des revenus rémunère la participation des ménages à la production. On distingue généralement trois sortes de revenus primaires :

- les **revenus du travail** (les salaires, par exemple) ;
- les **revenus du capital** ou **de la propriété** : intérêts et **dividendes** pour le capital financier, loyers pour les propriétaires d'appartement ou d'immeuble, etc. ;
- les **revenus mixtes** des entrepreneurs individuels et autres travailleurs indépendants qui rémunèrent à la fois le travail et la propriété du capital (agriculteurs, commerçants, professions libérales).

■ Les revenus secondaires

La prépartition secondaire des revenus s'effectue grâce aux revenus secondaires, appelés aussi **revenus de transfert** ou **revenu sociaux**. Ils ne découlent ni d'un travail ni de la détention d'un capital. Ce sont des versements en provenance d'une administration publique qui améliorent la solvabilité de certains agents économiques : allocations familiales, allocations de chômage, subventions à des agriculteurs. Ces transferts sociaux sont financés par des prélèvements définis par les pouvoirs publics. Les revenus secondaires relèvent de la redistribution. Ils s'inscrivent dans la logique de l'État-providence et constituent un instrument de lutte contre les inégalités et l'exclusion sociale.

Composition des revenus des ménages de 1985 à 1995 (en %)

	1985	1989	1995
Revenus d'activité	64,5	62,8	58,5
Retraites	16,7	17,7	19,8
Revenus liés au chômage	2,0	2,0	2,4
Revenus sociaux autres que retraites et chômage	5,7	5,5	5,4
Revenus du patrimoine	10,5	11,2	13,0
Versements réguliers d'autres ménages	0,6	0,7	0,9
Ensemble	100,0	100,0	100,0

Source : INSEE, Enquêtes Budget de famille.

Les fonctions des ménages

■ Les ménages ont pour fonction de consommer les biens et services marchands (produits par les entreprises) et des services collectifs fournis par les administrations publiques. La comptabilité nationale classe également comme ménage, les entrepreneurs individuels dont la fonction consiste à produire des biens et des services marchands.

■ Parallèlement à la consommation, les ménages épargnent une partie de leur revenu. L'épargne se définie comme un résidu issu de la différence entre le revenu d'un ménage et les dépenses occasionnées par la consommation.

Revenu = Consommation + Épargne.

PIÈGES ET DIFFICULTÉS

Ne confondez pas les revenus suivants

■ **Salaire brut :** salaire théorique de référence incluant les cotisations sociales qui seront versées par l'employeur aux organismes de protection sociale (Sécurité sociale).

■ **Salaire net :** salaire effectivement perçu par le salarié. Il est égal au salaire brut moins les cotisations sociales (assurance-maladie, assurance-chômage, assurance-vieillesse, etc.).

■ **SMIC :** Salaire minimum interprofessionnel de croissance, créé par la loi du 2 janvier 1970, il remplace le SMIG (salaire minimum interprofessionnel garanti) mis en place en 1952. Il définit un seuil de salaire en dessous duquel un travailleur ne peut être légalement rémunéré. Près de 11% des salariés sont rémunérés au SMIC.

2 Les entreprises et la production

Définition

Les entreprises sont des acteurs économiques dont la fonction consiste à produire des biens et des services marchands en vue de la vente sur un marché. Par leurs activités, elles cherchent à dégager un bénéfice qui correspond à la différence entre leur chiffre d'affaires et leurs charges d'exploitation (rémunérations des salariés, achat des matières premières, intérêt des emprunts, etc.).

La combinaison des facteurs de production

La production est réalisée à partir des ressources tirées de l'environnement économique et social, nationales ou internationales. Ces ressources productives, dénommées facteurs de production, sont réunies et combinées par l'entrepreneur. Deux facteurs de production retiennent l'attention des économistes :

- Le **travail humain**, c'est-à-dire les ressources humaines, premier des facteurs de production, sans lequel aucune activité économique n'est possible.

- Le **capital technique**, appelé parfois capital physique, c'est-à-dire les instruments, les machines qui, associés au travail humain, permettent la réalisation de la production. On distingue, depuis Adam Smith, le **capital fixe** qui contribue à plusieurs opérations de production et qui n'est pas détruit par ces dernières et le **capital circulant**, qui est soit incorporé au produit fini, soit consommé en vue d'assurer la production. En prenant l'exemple de l'industrie automobile, les chaînes de montage relèvent du capital fixe, tandis que l'énergie, les tôles métalliques et les câbles électriques constituent le capital circulant.

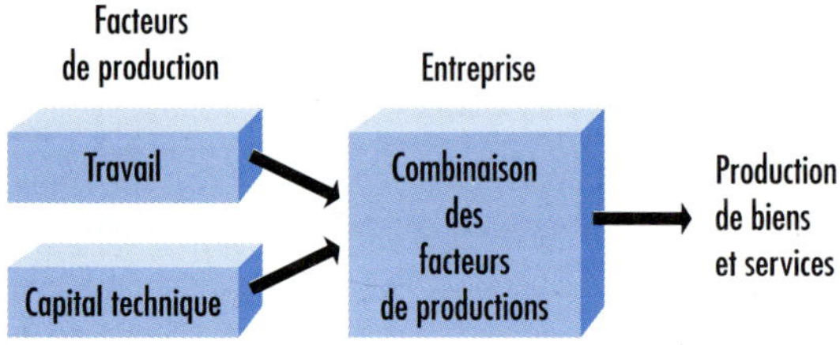

3 Les institutions financières

Définition

Les institutions financières, principalement les banques ou établissements de crédit, se définissent comme des acteurs économiques dont la fonction consiste à créer, à gérer et à diffuser la monnaie à l'intérieur du système économique. Il s'agit de mettre à la disposition des acteurs du secteur non bancaire (ménages, entreprises, administrations publiques) les ressources en monnaie nécessaires aux transactions et à la croissance de l'activité économique.

Les fonctions des banques

La loi du 24 janvier 1984 a défini, pour la France, les missions des banques ou établissements de crédit :

- Les banques **reçoivent les fonds du public** qu'elles enregistrent, au nom de leur clientèle, sous la forme de compte-courant et de dépôt à vue (compte d'épargne).
- Les banques **consentent des crédits aux particuliers et aux entreprises**. Le crédit est une opération qui permet, moyennant le paiement d'intérêts, de disposer d'une certaine quantité de monnaie qui sera remboursée à terme, de façon contractuelle.
- Les banques **assurent la gestion des moyens de paiements**. Il s'agit de la mise à la disposition de la clientèle de carnets de chèques, des cartes de paiement ou cartes de crédit. Les banques diffusent auprès du public les espèces métalliques et les billets mis en circulation par la Banque de France.

4 Les administrations publiques

Définition

Les administrations publiques réunissent l'État, les collectivités territoriales (régions, départements, communes) de même que certaines institutions comme les caisses d'assurance maladie. Les administrations publiques relèvent de l'économie non marchande, c'est-à-dire que leurs activités ne sont pas liées à la recherche du profit, mais concoure à la réalisation de l'intérêt général.

Les fonctions des administrations publiques

- **Produire des services non marchands** à destination du plus grand nombre. Ces services peuvent être gratuits comme par exemple, l'éducation nationale. Ils peuvent être proposés à un prix correspondant aux coûts de production.
- **Effectuer des opérations de redistribution** sous la forme de transferts sociaux. Ainsi les Caisses d'assurance maladie assurent le remboursement des dépenses de santé, les Associations pour l'emploi dans l'industrie et le commerce (Assedic) délivrent des allocations aux demandeurs d'emploi.

Afin de financer leurs missions, les administrations publiques sont à l'origine de la formation des prélèvements obligatoires (impôts, taxes locales, cotisations sociales payées par les employeurs et les salariés).

L'économie mixte

Les grandes lignes de l'action étatiste peuvent être brièvement définies comme il suit.

MINIMA DE BIEN-ÊTRE. Les pays démocratiques ne se contentent pas des réponses données aux trois questions QUOI, COMMENT ? et POUR QUI ? par un système de marchés complètement affranchi de toute restriction. Un tel système pourrait, en effet, prescrire que certains individus seraient affamés faute de revenus, tandis que d'autres individus recevraient des revenus soit inadéquats, soit excessifs. C'est pourquoi l'État intervient, en tant qu'agent dépensier, pour améliorer le revenu réel ou monétaire de certains citoyens —par exemple en mettant à leur disposition des lits d'hôpital ou en accordant aux plus déshérités d'entre eux des allocations mensuelles en périodes de chômage ou dans leur vieux jours. Les niveaux minima d'existence comptent de nos jours parmi les objectifs couramment visés par les pouvoirs publics.

SERVICES PUBLICS ET IMPÔTS. Allant plus loin, l'État assure certains services *collectifs* indispensables, à défaut desquels la vie de la communauté serait impensable et qui, de par leur nature même, ne sauraient être abandonnés sans inconvénients dirimants aux initiatives privées. L'État est né le jour où l'on s'est rndu compte que « les affaires de tout le monde ne sont les affaires de personne ». Sont compris invariablement dans ces services le maintien de la défense nationale, de la légalité constitutionnelle et de l'ordre intérieur, ainsi que l'administration de la justice.

Paul Anthony Samuelson, *L'Économique*.

Évolution de la dépense intérieure d'éducation par rapport au PIB (en %)

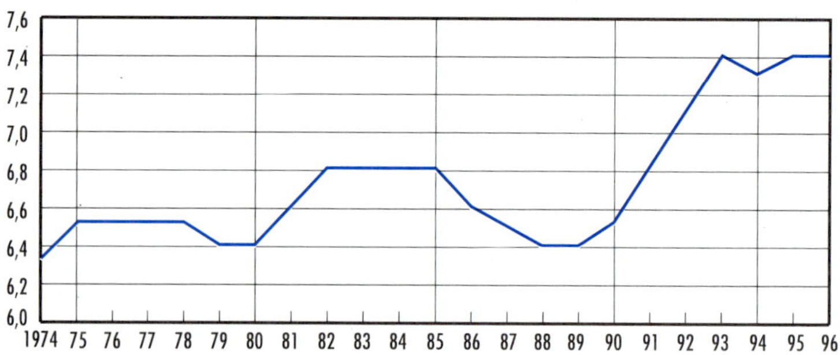

Source : Ministère de l'Éducation nationale, de la Recherche et de la Technologie.

5 L'extérieur

Définition

L'extérieur, ou reste du monde, n'est pas un agent économique concret, mais une abstraction comptable qui recense les opérations sur biens et services, de même que les opérations financières entre l'économie française et les autres nations. Les transactions entre la France et le reste du monde sont comptabilisées dans le cadre de la balance des paiements.

Les fonctions de l'extérieur

■ **Mettre à jour les opérations portant sur les importations et les exportations de marchandises** (matières premières, produits agricoles, biens manufacturés).

■ **Comptabiliser les échanges de services** (brevets, licences, grands travaux).

■ **Comptabiliser les flux de capitaux** (entrées et sorties), c'est-à-dire les placements ou les investissements français à l'étranger et les placements et les investissements étrangers en France.

2 *Les acteurs et leurs relations : le circuit économique*

1 Qu'est-ce qu'un circuit économique ?

■ Un circuit économique est une représentation schématique de la réalité qui permet de comprendre les relations qui unissent les différents acteurs, ou les différentes fonctions, du système économique.

■ L'un des premiers économistes à penser les relations économiques en termes de circuit est le Français François Quesnay (1694-1774). Dans son *Tableau économique* (1758), il souligne les interdépendances entre la production, les revenus obtenus par la production et les dépenses, c'est-à-dire la consommation.

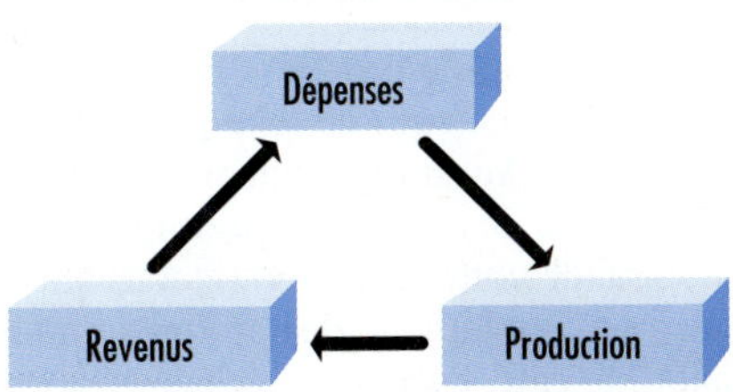

2 Le circuit simplifié entre les ménages et les entreprises

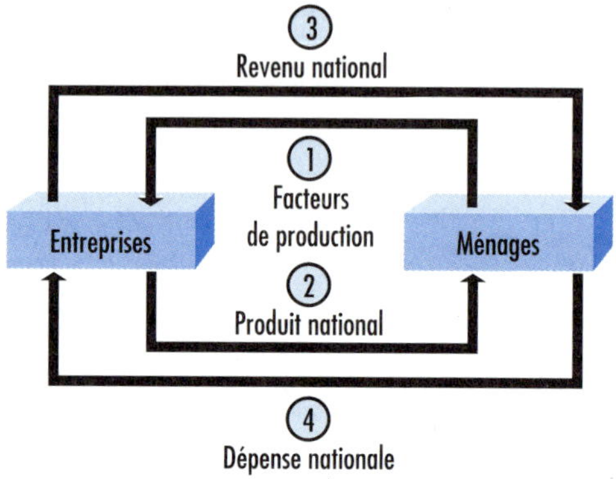

3 *Les échanges extérieurs*

1 Économie fermée et économie ouverte

■ Une économie est dite fermée si elle n'entretient pas de relations marchandes avec les autres nations. Dans la plupart des cas, et si on laisse de côté les expériences d'autarcie économique qui ont caractérisé les puissances totalitaires (Allemagne nazie, Russie stalinienne), les économies fermées relèvent de l'hypothèse d'école.

■ Les économies réelles sont forcément ouvertes sur l'environnement international. Cependant les économies nationales peuvent être plus ou moins ouvertes sur l'extérieur. Plus le taux d'ouverture est important, plus la dépendance d'un pays à l'égard du reste du monde s'accroît (voir *Savoir-faire*).

2 La nécessaire ouverture des économies

■ Les activités économiques, telles la production et la consommation, supposent l'utilisation de biens et de services qui ne sont pas forcément réalisés à l'intérieur de l'économie nationale. Aussi convient-il de les importer des pays tiers. L'économie française importe des matières premières énergétiques comme le pétrole, des produits de grande consommation (électronique grand public, matériels informatiques) ou, tout simplement, des produits alimentaires indisponibles sur le territoire national (thé, café, cacao).

■ Afin de financer ces importations, l'économie française produit des biens et des services pour les marchés étrangers : ce sont les **exportations**. La France est particulièrement bien placée en ce qui concerne la construction aéronautique, le matériel ferroviaire et les produits de luxe, tels la haute couture ou les parfums.

■ Les échanges de biens et de services entre les nations constituent le commerce international. Les entreprises de chaque pays cherchent à se spécialiser en fonction de leurs avantages par rapport aux entreprises des autres nations. L'échange international est réglementé par des accords internationaux qui définissent les grands principes à la base des relations économiques internationales.

3 La balance des transactions courantes

■ La balance des transactions courantes est une des composantes de la **balance des paiements** qui retrace les échanges entre un pays et le reste du monde. La structure de la balance des paiements fait l'objet d'une harmonisation internationale sous l'autorité du Fonds monétaire international (FMI). La balance des paiements de la France est établie par la Banque de France.

■ Le compte des transactions courantes comporte quatre rubriques :

● Les **biens ou marchandises générales** qui correspondent aux transactions de produits matériels sous la forme d'importations et d'exportations.

● Les **services qui sont représentatifs de prestations immatérielles**. On trouve les transports, les voyages (recettes touristiques), les services auprès des entreprises (activités de conseils, cessions de licences ou de brevets, grands travaux).

● Les **revenus qui sont relatifs aux rémunérations versées aux non-résidents** (salaires, droits d'auteurs, intérêts, dividendes) par les agents économiques français. À contrario, des résidents français perçoivent des revenus du reste du monde.

● Les **transfert courants qui recouvrent les dons, les aides publiques ou privées** (notamment aux pays en développement), donnant naissance à des dettes ou des créances. Ce poste est, dans le cas de la France, toujours négatif.

PIÈGES ET DIFFICULTÉS

Ne confondez pas les termes suivants

■ **Commerce extérieur :** relations commerciales entre un pays et le reste du monde. On peut ainsi évoquer le commerce extérieur français à partir des échanges de marchandises entre la France et ses principaux partenaires.

■ **Commerce international :** relations commerciales entre les nations qui constituent la communauté économique internationale. L'échelle d'analyse n'est plus le commerce entre deux nations, mais le commerce entre toutes les nations.

■ **Mondialisation :** la mondialisation est un phénomène qui tend à déployer le champ d'activité des entreprises dans un système de marché à dimension mondiale, au-delà des frontières et des prérogatives des État-nations. Ainsi les stratégies financières, productives et commerciales des grandes entreprises ont pour champ d'activité l'économie mondiale dans sa globalité.

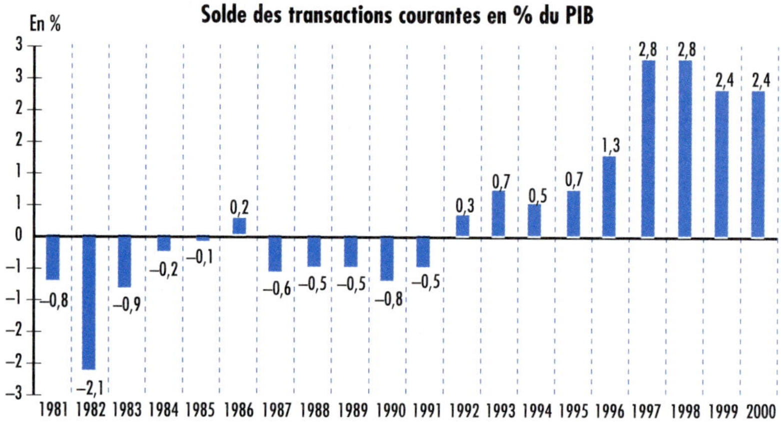

Source : Ministère de l'Économie, des Finances et de l'Industrie.

SAVOIR FAIRE

Les indicateurs du commerce extérieur

1. Calculer le degré d'ouverture

Le degré d'ouverture mesure l'importance du commerce extérieur dans l'économie du pays. L'augmentation du degré d'ouverture implique un renforcement de la contrainte extérieur, c'est-à-dire une plus grande dépendance vis-à-vis des pays tiers. Elle nécessite la compétitivité des produits nationaux et se traduit par une moindre autonomie des politiques économiques nationales.

$$\text{Degré d'ouverture} = \frac{\frac{\text{exportations + importations}}{2}}{\text{PIB}} \times 100$$

2. Calculer le taux de couverture

Le taux de couverture indique dans quelle mesure la valeur des importations est « couverte » par la valeur des exportations. Le taux de couverture peut être calculé pour une économie, un secteur ou une branche comme l'automobile par exemple.

$$\text{Taux de couverture} = \frac{\text{valeur des exportations}}{\text{valeur des importations}} \times 100$$

■ Si les importations et les exportations sont calculées FAB, le taux de couverture d'équilibre est de 100 %.

■ Si les exportations sont calculées FAB et les importations CAF, le taux de couverture d'équilibre est voisin de 95 %.

4 La mesure de l'activité économique

1 La valeur ajoutée

■ La notion de valeur ajoutée correspond aux richesses crées par les entreprises. Elle se définit comme la différence entre le chiffre d'affaires (le montant des ventes) et les consommations intermédiaires qui sont détruites ou incorporées aux produits finis (matières premières, produits semi-finis).

■ La valeur ajoutée donne lieu à un partage qui rémunère les facteurs de production, c'est-à-dire tous ceux qui ont participé directement, ou indirectement, à la réalisation du produit :

- les revenus des salariés ;
- les revenus des propriétaires du capital, notamment les dividendes des actionnaires dans le cas d'une société anonyme ;
- les intérêts des emprunts contractés auprès du système bancaire ;
- les impôts et taxes prélevés par les administrations publiques.

Valeur ajoutée = chiffre d'affaires – consommations intermédiaires

② Le PIB et la croissance économique

Le produit intérieur brut (PIB) est un agrégat, c'est-à-dire une grandeur comptable définie par la comptabilité nationale. Le PIB permet d'évaluer la valeur des biens et des services produits sur le territoire national durant une année. Le PIB est calculé à partir de la somme des valeurs ajoutées des entreprises résidentes.

■ La valeur ajoutée est égale au chiffre d'affaires des entreprises auquel on retranche la valeur des consommations intermédiaires qui rentrent dans la fabrication des produits (matières premières, produits semi-finis).

■ Les entreprises résidentes sont toutes les entreprises ayant effectuées des opérations économiques en France depuis plus d'un an, qu'elles soient françaises ou étrangères. Dans le but d'évaluer la richesse produite aux prix du marché, on ajoute la taxe sur la valeur ajoutée (TVA) qui est un impôt sur la consommation et les droits de douane pour les produits importés.

PIB = Somme des valeurs ajoutées + TVA + droits de douanes sur les importations

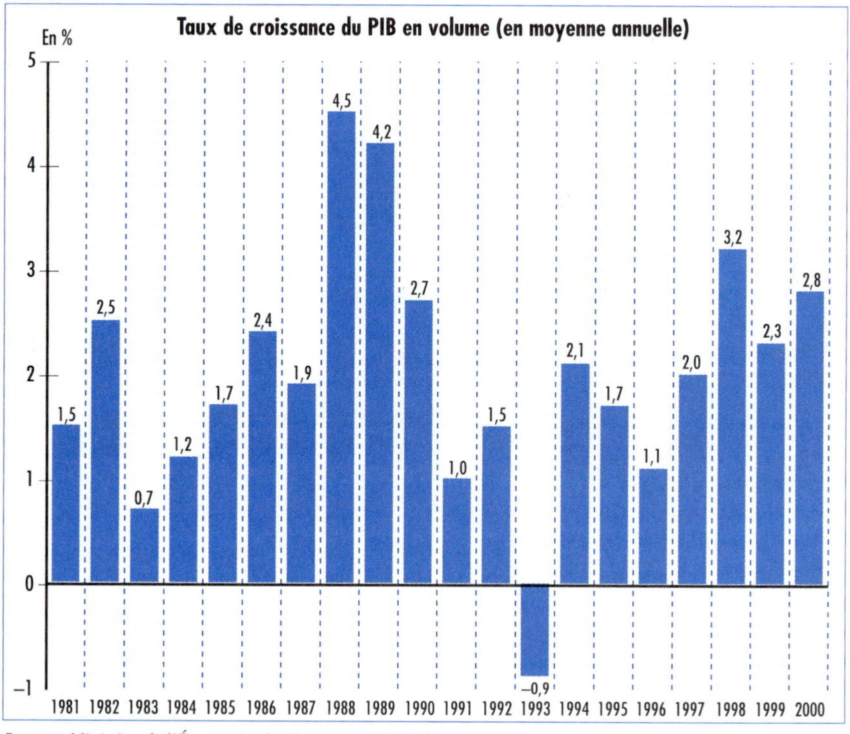

Source : Ministère de l'Économie, des Finances et de l'Industrie.

PIÈGES ET DIFFICULTÉS

Ne confondez pas les termes suivants

■ Le **taux de marge** est un ratio qui rend compte de la rentabilité de l'entreprise. Il se calcule à partir du rapport entre l'excédent brut d'exploitation (EBE) et la valeur ajoutée dégagée par l'entreprise.

$$\text{Taux de marge} = \frac{\text{Excédent brut d'exploitation}}{\text{Valeur ajoutée}}$$

■ L'**excédent brut d'exploitation** est le solde du compte d'exploitation des entreprises tel qu'il est défini par la Comptabilité nationale. L'EBE mesure la part de la valeur ajoutée qui reste à la disposition des entreprises une fois payés les salaires et acquittés les prélèvements de l'État sur la production (impôts). L'EBE est un indicateur de profit.

3 L'épargne des ménages

Définition

L'épargne est cette partie du revenu d'un agent économique qui n'est pas destinée à des dépenses de consommation. L'épargne se présente ainsi sous la forme d'un résidu ; c'est ce qu'il vous reste lorsque vous avez réalisé les dépenses de consommation auxquelles vous êtes habitué en fonction de votre mode de vie.

Les formes de l'épargne

L'épargne prend différentes formes en fonction des stratégies de placement des agents économiques. On distingue :

■ **L'épargne financière** constituée de monnaie (moyens de paiement), de produits financiers (actions, obligations, titres d'OPCVM), et de l'épargne contractuelle (contrats d'assurance vie ou plans d'épargne logement).

■ **L'épargne non financière** destinée au financement de l'achat de logement.

■ **L'épargne forcée** correspondant aux ressources prélevées, sous forme de cotisations sociales sur les salaires, et permettant de donner lieu, en fin de carrière professionnelle, à l'obtention d'une pension de retraite.

Le taux d'épargne

Pour la comptabilité nationale, l'épargne brute des ménages est égale au revenu disponible brut auquel on retranche la consommation. On peut également calculer le taux d'épargne des ménages : $\dfrac{\textbf{Épargne brute}}{\textbf{Revenu disponible brut}}$

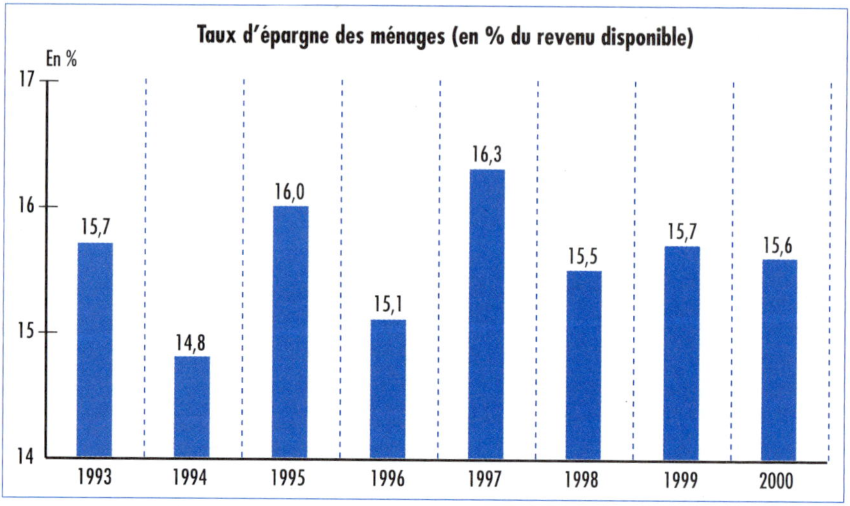

Source : Ministère de l'Économie, des Finances et de l'Industrie.

❹ L'investissement

Définition

L'investissement est un acte économique qui consiste en l'achat de nouvelles unités de capital fixe. Le capital fixe, ou capital technique, doit être acquis par l'entreprise, puis remplacé car son efficacité peut être remis en question par son vieillissement. Parallèlement, l'efficacité du capital technique peut aussi être altérée par l'**obsolescence**, c'est-à-dire le dépassement technologique du capital utilisé. L'entreprise doit donc investir pour conserver ses performances productives et sa compétitivité sur le marché domestique (marché national), de même que sur les marchés internationaux.

Les différents types d'investissement

■ **L'investissement de remplacement** a pour objectif de remplacer les biens d'équipements vieillis ou obsolètes. Les investissements de remplacement ont tendance à s'accroître en période d'accélération du progrès technique.

■ **L'investissement de capacité** a pour finalité d'augmenter les capacités de production des entreprises en période de croissance de la demande ou en fonction des anticipations positives des chefs d'entreprise sur les perspectives de l'activité économique.

■ **L'investissement de productivité**, ou de rationalisation, consiste à rechercher la baisse des coûts de production. Il ne s'agit pas de produire plus, mais de produire moins cher. L'investissement de productivité est souvent lié à une intensification de la concurrence, telle qu'elle se manifeste notamment à travers la mondialisation des économies. L'investissement de productivité peut avoir des effets négatifs sur l'emploi dans la mesure ou les nouveaux biens d'équipement suppriment le recours à certaines catégories de travailleurs, généralement les moins qualifiés.

■ **L'investissement immatériel**, appelé parfois investissement intellectuel ou investissement en capital humain, joue un rôle de plus en plus important dans les stratégies des firmes. L'investissement immatériel concerne les dépenses des entreprises en matière de recherche & développement, l'achat de logiciels informatiques, les dépenses de publicité et de formation des personnels.

■ **L'amortissement** est une notion comptable qui consiste à assurer le financement du remplacement du capital fixe frappé par le vieillissement ou l'obsolescence. Une certaine fraction des ressources des entreprises sera épargnée afin de permettre l'achat de nouveaux biens d'équipement.

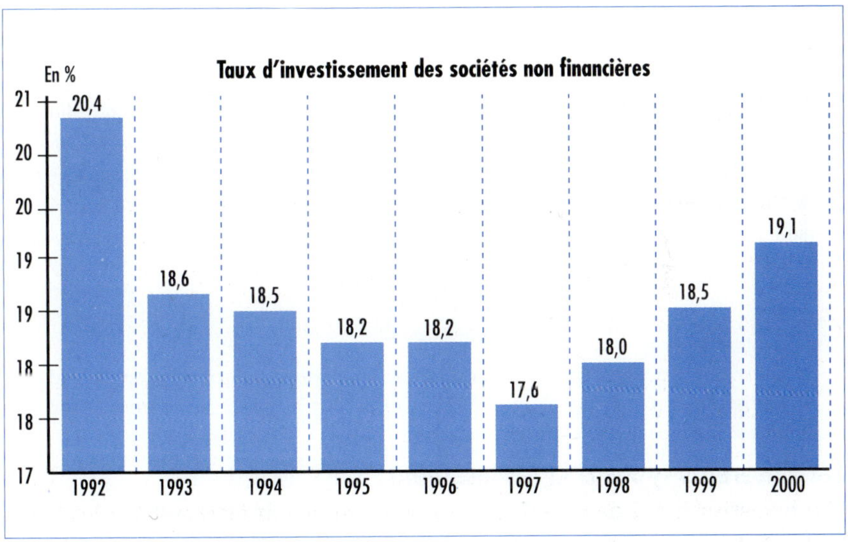

Source : Ministère de l'Économie, des Finances et de l'Industrie.

SAVOIR FAIRE

Calculer les différentes propensions à consommer

■ **Définition**

Les ménages perçoivent des revenus (revenus du travail, du capital, transferts sociaux). Une fois soustraits les cotisations sociales et les impôts, il reste le revenu disponible. Celui-ci a deux utilisations possibles : la consommation et l'épargne. La **propension à consommer** correspond à la part de la consommation dans le revenu.

■ **La propension moyenne à consommer** (C) mesure le rapport entre la consommation et le revenu au cours d'une période donnée.

$$C = \frac{\text{consommation}}{\text{revenu}}$$

Soit un ménage disposant d'un revenu mensuel de 15 000 francs. Si sa dépense mensuelle s'élève à 13 000 francs et son épargne à 2 000 francs, sa propension moyenne à consommer sera :

$$\frac{C}{R} = \frac{13\,000}{15\,000} = 0{,}87$$

Cela veut dire que notre ménage consacre 87 % de ses ressources (en multipliant par 100 pour obtenir un pourcentage) à la consommation et 13 % à son épargne.

■ **La propension marginale à consommer** (C') mesure le rapport entre la variation de la consommation sur une période donnée, et la variation correspondante du revenu au cours de cette même période.

$$C' = \frac{\text{variation de la consommation}}{\text{variation du revenu}}$$

Notre ménage connaît une augmentation de ses revenus qui passent de 15 000 à 17 000 francs par mois. Comment va s'effectuer le partage consommation / épargne face à cette croissance du salaire ?

La variation du revenu R est égale à 17 000 – 15 000 = 2 000.

La variation de la consommation C est égale à 14 500 – 13 000 = 1 500.

La propension marginale à consommer (C') de notre ménage sera :

$$C' = \frac{1\,500}{2\,000} = 0{,}75$$

Cela signilie que l'augmentation du revenu de notre ménage va être employée pour 75 % à la consommation et pour 25 % à l'épargne.

FAIRE LE POINT

Choisissez la (ou les) bonne(s) réponse(s)

1. La valeur ajoutée se calcule de la façon suivante :
- **a** - en retranchant l'impôt sur les sociétés au chiffre d'affaires.
- **b** - en retranchant la valeur des consommations intermédiaires au chiffre d'affaires.
- **c** - en divisant le chiffre d'affaires par le nombre d'unités produites.

2. La propension marginale à consommer :
- **a** - mesure la croissance de la consommation.
- **b** - mesure le rapport entre le revenu et la consommation.
- **c** - mesure le rapport entre la variation du revenu et la variation correspondante de la consommation.

Construisez une réponse rapide aux questions

3. À quoi sert l'investissement ?

4. Quels sont les principaux revenus primaires ?

5. Quelles sont les différentes formes d'épargne ?

6. Qu'appelle-t-on consommation finale ?

Répondez vrai ou faux

7. Un célibataire constitue un ménage.

8. L'obsolescence peut, dans certains cas, remplacer l'investissement.

9. Les ménages investissent quand ils achètent des actions ou des obligations.

10. Le capital fixe disparaît pour chaque opération productive.

CORRIGÉS

1.b. 2.c. 3. Voir page 26. **4.** Voir page 14. **5.** Voir page 25. **6.** Voir page 13. **7.** Vrai. **8.** Faux. **9.** Faux. **10.** Faux.

2 Le financement de l'économie

AVANT DE COMMENCER

Assurez-vous de bien maîtriser le vocabulaire suivant

► **Besoin de financement :** situation comptable d'un agent économique dont les dépenses sont supérieures à ses ressources. Les agents à besoin de financement (entreprises, État) recherchent des ressources auprès d'autres agents connaissant un excès d'épargne.

► **Capacité de financement :** situation comptable d'un agent économique dont les dépenses sont inférieures à ses ressources. Les agents à capacité de financement, généralement les ménages, sont ainsi apporteurs de capitaux auprès des autres agents économiques grâce à leur faculté d'épargne.

► **Finance directe ou économie de marché de capitaux :** recours des agents à besoin de financement (entreprises, État) sur le marché financier (Bourse) afin d'obtenir les capitaux dont ils ont besoin. Une entreprise émet des actions sur le marché financier, elle se procure ainsi directement les ressources dont elle a besoin pour développer ses activités.

► **Finance intermédiée ou économie d'endettement :** recours des agents à besoin de financement auprès du système bancaire. Les ménages, les entreprises peuvent obtenir des crédits auprès des banques pour financer leurs activités. Les banques servent alors d'intermédiaires entre les agents à capacité de financement et les agents à besoin de financement.

► **Financement :** opération par laquelle un agent économique (ménages, entreprises, administrations publiques) se procure les ressources monétaires nécessaires à la réalisation de ses activités économiques. Par exemple, un ménage financera l'achat de sa résidence principale grâce à un prêt bancaire.

I La monnaie

1 Définition

La monnaie se définie comme un bien d'échange généralement accepté au sein d'une communauté de paiement.

La monnaie est un bien d'échange, et non un bien d'usage qui procure la satisfaction d'un besoin humain comme, par exemple, un produit alimentaire ou une automobile. La monnaie, en tant que bien d'échange, permet alors la suppression du troc. Les produits ne s'échangent plus contre des produits, mais les produits s'achètent et se vendent grâce à l'usage de moyens de paiement.

La circulation de la monnaie est liée à un espace à la fois économique et politique, généralement l'État-nation. Les Américains utilisent le dollar et les Japonais le yen. Les Européens règlent leurs achats en euro, à l'intérieur de la zone euro. Certaines monnaies ont cependant réussi à s'imposer au niveau international, telles la livre-sterling au XIXe siècle ou le dollar depuis la fin de la Seconde Guerre mondiale.

2 Les fonctions de la monnaie

Selon le philosophe grec Aristote (384-322 avant J.-C.), la monnaie remplit trois fonctions à l'intérieur de l'économie.

■ **La monnaie est un intermédiaire dans les échanges.**
Chaque agent économique se spécialise dans une activité productive, perçoit un revenu sous forme d'une certaine quantité de monnaie, et achète sur le marché les biens et les services qui lui sont utiles, mais qu'il ne produit pas lui-même. La monnaie sert d'intermédiaire et évite ainsi le recours au troc.

Économie de troc et économie monétaire

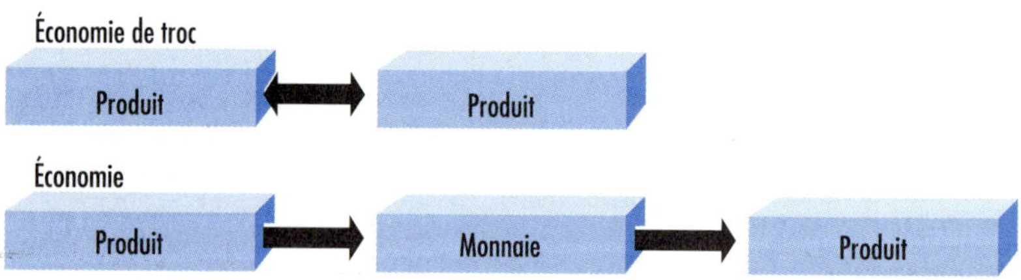

■ **La monnaie est un instrument de mesure de la valeur.**

L'usage de la monnaie permet l'apparition d'un système de prix qui renseigne les agents économiques sur la valeur des différents biens. Il s'ensuit l'élaboration d'un calcul économique aussi bien pour le consommateur que pour l'entrepreneur. Le consommateur ajustera le niveau de ses dépenses au niveau de ses revenus. L'entrepreneur réalisera sa combinaison productive à partir des prix relatifs des facteurs de production (salaires et prix des biens d'équipement).

■ **La monnaie est un instrument de réserve de valeur.**

La monnaie permet l'épargne, c'est-à-dire la conservation par un agent économique d'une partie de ses ressources en vue d'une utilisation ultérieure. Cette dernière fonction suppose la stabilité des prix, c'est-à-dire l'absence d'inflation. En effet, l'inflation qui a pour corollaire la hausse des prix, se traduit par une perte de pouvoir d'achat de la monnaie.

3 Les formes de la monnaie

Suivant les progrès des sciences et des techniques, les moyens de paiement se sont modifiés. À l'origine, les premières monnaies étaient des marchandises comme les autres mais qui cessaient d'être consommées pour servir de moyens de paiements. On distingue trois formes de monnaies.

■ **La monnaie métallique**

Il s'agit de la forme la plus ancienne de la monnaie. Elle présente l'avantage de la durabilité. D'abord constituées de métaux vulgaires, les monnaies métalliques devinrent précieuses lorsqu'elles furent frappées en or ou en argent. La monnaie métallique existe toujours aujourd'hui : il s'agit de la monnaie divisionnaire, c'est-à-dire nos pièces de monnaie. Fabriquées par la Direction des monnaies et médailles, elles sont mises en circulation par la Banque de France.

■ **La monnaie fiduciaire**

Du latin *fides*, qui veut dire « confiance », la monnaie scripturale se présente sous la forme du billet de banque. À l'origine, le billet de banque était convertible en monnaie d'or ou d'argent, d'où son nom de monnaie fiduciaire. Progressivement, le billet de banque est devenu inconvertible dans la plupart des nations. En France, le monopole de la création de la monnaie fiduciaire appartient à la Banque de France.

■ **La monnaie scripturale**

Du latin *scribere*, qui veut dire « écrire », la monnaie scripturale est constituée par les actifs déposés auprès des institutions de crédit, c'est-à-dire tout simplement les banques. Cette monnaie est immatérielle dans la mesure où elle n'a pas de support physique comme les pièces ou les billets. Afin d'en faciliter la circulation, les banques mettent à la disposition de leur clientèle des instruments pour assurer les règlements : ce sont les chèques, les ordres de virement et les cartes de paiement ou de crédit.

PIÈGES ET DIFFICULTÉS

La monnaie fiduciaire peut s'entendre de trois façons différentes

■ Au sens le plus large, on peut dire que toute forme de monnaie est de nature fiduciaire dans la mesure où les agents économiques l'utilisent dans leurs transactions. Les vendeurs acceptent les signes monétaires qui leur sont remis en paiement en contrepartie de la valeur de leurs marchandises.

■ Dans un sens plus étroit, la monnaie fiduciaire est relative au billet de banque convertible en or. Depuis la fin de la convertibilité-or du billet de banque, l'usage du terme a été conservé en dépit du fait que les billets sont devenus inconvertibles.

■ Pour la Banque de France, la monnaie fiduciaire comprend les billets qu'elle émet et les monnaies divisionnaires (pièces métalliques) dont elle assure la mise en circulation.

2 Le système bancaire français

1 La Banque de France

La Banque de France a été créée le 18 janvier 1800, à l'initiative de deux financiers Jean-Barthélémy Le Couteulx Canteleu et Jean-Frédéric Perregaux, soutenus par Napoléon Bonaparte, alors Premier Consul. À l'origine, la Banque était un établissement privé qui deviendra public par la loi de nationalisation du 2 décembre 1945. La Banque de France est la banque centrale de la République et appartient au système européen des banques centrales (SEBC).

■ **La Banque de France est l'institut d'émission de la monnaie fiduciaire.**
La Banque de France a pour mission de mettre à la disposition du public des billets de banque ayant pouvoir libératoire illimité, c'est-à-dire que personne ne peut refuser en paiement. Le montant de l'émission est déterminé en fonction des besoins des agents économiques en matière de transaction.

Cette fonction est d'abord technique, il s'agit de créer de nouveaux billets, de les imprimer et de les livrer aux autres banques pour alimenter les distributeurs automatiques de billets. Parallèlement, la Banque de France met en circulation la monnaie divisionnaire (les pièces de monnaie). Fabriquées par la Direction des monnaies et médailles, les pièces de monnaie sont émises par la Banque de France qui les livre aux banques commerciales.

■ **La Banque de France est la banque des banques.**

De même que les particuliers ont un compte dans une banque, les banques commerciales ont un compte à la Banque de France. Cette dernière leur assure ses concours notamment quand les banques ont besoin de liquidités en monnaie centrale. La Banque de France gère le service central des risques afin d'informer les banques des dangers liés au surendettement des ménages. Elle recense un grand nombre de données comptables et financières sur les entreprises.

■ **La Banque de France met en œuvre la politique monétaire.**

La Banque de France appartient au système européen des banques centrales (SEBC) qui réunit la Banque centrale européenne (BCE) et les banques centrales nationales (BCN). L'objectif du SEBC est de préserver la **stabilité des prix** afin de permettre l'émergence d'une croissance économique saine au sein de l'Union européenne.

Cet objectif est atteint grâce à une politique monétaire unique adaptée dans un cadre décentralisé par les banques centrales nationales. Par une politique des taux d'intérêt, la Banque de France définie la progression de la création monétaire en France de façon à ce qu'elle puisse coïncider avec la stabilité des prix.

2 Les banques commerciales

L'organisation actuelle des banques commerciales, dites aussi banques de second rang par rapport à la banque centrale, résulte de la loi du 24 janvier 1984 (loi bancaire) qui distingue six grands types d'établissement.

■ **Les banques** qui exercent la totalité des opérations bancaires sans restriction. En effet, la loi de 1984 a définitivement supprimé les principes de la spécialisation bancaire datant de 1945 entre les banques de dépôts, les banques d'affaires et les banques de crédit à moyen et long terme. On trouve dans cet ensemble de très grands établissements tels que la Société Générale, la Banque Nationale de Paris – Paribas et le Crédit Lyonnais.

■ **Les banques du secteur mutualiste ou coopératif** qui se caractérisent par des structures originales dans la mesure où le capital des banques mutualistes appartient à ses sociétaires. Les modes de fonctionnement sont décentralisés sur trois niveaux : les établissements locaux, l'échelon régional et le niveau national. Le secteur coopératif comprend principalement quatre grands établissements : le Crédit agricole, premier groupe bancaire français, les Banques populaires, le Crédit mutuel et le Crédit coopératif.

■ **Les Caisses d'épargne**, établissements de crédit sans but lucratif, mobilisent d'importantes liquidités et remplissent les fonctions traditionnelles des autres banques. Les Caisses d'épargne ont le réseau d'agences le plus important de France, juste derrière La Poste. Les Caisses d'épargne sont également connues pour les placements qu'elles proposent à leur clientèle, notamment le livret A.

■ **Les Caisses de crédit municipal**, qui ont pris le relais des anciens Monts-de-Piété en 1918, bénéficient du monopole du prêt sur gage. À cette activité traditionnelle s'ajoutent, dans un cadre décentralisé, de nombreux services annexes proposés aux particuliers. Ainsi, le Crédit municipal de Paris propose-t-il des crédits aux fonctionnaires et aux retraités ainsi que différents produits d'épargne.

■ **Les institutions financières spécialisées**, créées le plus souvent à l'initiative des pouvoirs publics, forment un groupe important, composé de 32 établissements, auquel l'État a confié une mission permanente d'intérêt public. Ces établissements viennent pallier les insuffisances du marché des capitaux dans des secteurs stratégiques pour l'économie et la croissance. On peut citer le Crédit national ou le Crédit foncier de France.

■ **Les sociétés financières** sont spécialisées dans le crédit à moyen et long terme. Parmi les sociétés financières, on trouve principalement les établissements de crédit à la consommation qui accordent des prêts aux particuliers (électroménager, automobile) ; les établissements de crédit immobilier, filiales de groupes bancaires, qui financent l'accession à la propriété ; les établissements de crédit-bail qui louent des locaux et des matériels à l'usage des professionnels.

3 La création de monnaie

1 Création monétaire et secteur bancaire

Dans une économie moderne, la monnaie assure la réalisation des échanges. Il apparaît donc indispensable de créer un nombre suffisant de signes monétaires afin que les agents économiques puissent acheter les biens et les services dont ils ont besoin et à la production desquels ils ont participés. La monnaie est créée au sein du secteur bancaire qui réunit la Banque centrale et les banques commerciales auxquelles on peut ajouter, dans le cas de la France, le Trésor public.

2 La création de monnaie par les banques commerciales

Les banques commerciales créent de la monnaie lorsqu'elles accordent des crédits à leur clientèle, qu'il s'agisse de particuliers ou d'entreprises. C'est l'une des trois missions principales des établissements de crédit, telles qu'elles furent définies par le législateur dans le cadre de la loi bancaire de 1984. La création monétaire se réalise par jeu d'écritures lorsque les banques monétisent des actifs non monétaires. Ainsi, quand un client d'une banque emprunte une somme de 10 000 €, cette dernière crée 10 000 € de monnaie. En échange, le client signe un dossier de prêt par lequel il s'engage à rembourser la somme prêtée à laquelle s'ajoutent les intérêts, rémunération du banquier pour le service rendu au client. Il est évident que le banquier ne prête pas sans garanties et l'engagement de remboursement constitue la contrepartie de la création de monnaie. Le banquier a tout simplement accordé à son client une avance sur une valeur future, à savoir les gains que le client gagnera dans un futur proche en fonction de sa participation aux activités économiques.

3 La création de monnaie par la Banque de France

■ La Banque de France crée de la monnaie par l'émission des billets de banque nécessaires aux transactions du public. Les banques commerciales servent alors de relais pour la diffusion de la monnaie fiduciaire auprès des agents économiques grâce à leurs réseaux de guichet et aux distributeurs automatiques de billets. La hauteur de l'émission en billets, autorisée par la Banque centrale européenne (BCE), est seulement relative à l'ampleur des besoins ressentis par le public et non pas à partir d'une hypothétique couverture métallique en or.

■ La Banque de France crée de la monnaie par la conversion en euros de devises obtenues dans le cadre des échanges internationaux. Ainsi, un excédent commercial se traduit par une entrée de devises et une création de monnaie. Un exportateur français qui reçoit des devises en paiement de ses produits, par exemple en dollars, demandera leur conversion auprès de sa banque qui les échangera contre des euros auprès de la Banque de France.

■ La Banque de France peut créer de la monnaie en assurant le financement des agents du secteur bancaire (banques commerciales) qui peuvent connaître des besoins de financement en monnaie centrale. La Banque de France prend alors en pension des titres privés ou publics détenus par les établissements de crédit qui sollicitent son concours.

4 La création de monnaie par le Trésor public

Le Trésor public, c'est-à-dire l'incarnation financière de l'État, contribue à la création monétaire de deux façons. Tout d'abord en faisant frapper des espèces métalliques par la Direction des monnaies et médailles. Il s'agit de la création de la monnaie divisionnaire mise en circulation par la Banque de France. Le Trésor public peut également contribuer à la création de monnaie, comme n'importe quelle banque, en ouvrant un crédit au nom de l'un de ses correspondants (État, collectivités territoriales, établissements publics).

PIÈGES ET DIFFICULTÉS

Qu'est-ce qu'un taux d'intérêt ?

■ **L'intérêt**, appelé parfois loyer de l'argent, est le prix qu'un emprunteur doit payer à son créancier, en plus du remboursement du capital, c'est-à-dire la somme empruntée. L'intérêt rémunère un service dans la mesure où l'emprunteur peut bénéficier d'une certaine quantité de monnaie qu'il ne possède pas encore et qu'il s'engage à rembourser dans le futur. L'intérêt est le revenu de la profession bancaire. Lorsqu'une banque met à la disposition d'un client une certaine somme d'argent, c'est dans un but essentiellement commercial. Le client devra rembourser la somme empruntée, plus les intérêts.

■ **Le taux d'intérêt** est exprimé en pourcentage par rapport au montant de la somme empruntée. Pour calculer le montant des intérêts à payer, il suffit de rapporter le taux à la somme empruntée. Si une personne emprunte 15 000 € à sa banque et que le taux d'intérêt est de 8 %, le montant des intérêts sera de 1 200 €. Le client de la banque devra rembourser 16 200 € en un certain nombre de mensualités prévu lors du contrat de financement.

4 Les marchés financiers

1 Définition

Les transactions qui s'effectuent sur les marchés financiers, comme la Bourse, portent sur les capitaux à long terme. Les marchés financiers permettent la rencontre directe entre les agents économiques à capacité de financement, caractérisés par la détention de liquidités momentanément inexploitées, et les agents économiques à besoin de financement qui sont à la recherche de capitaux en vue de développer leurs stratégies de développement.

2 Les acteurs du marché financier

■ **Les ménages**

Les ménages sont de plus en plus nombreux à placer leur épargne vers les marchés boursiers. Aujourd'hui un peu plus de la moitié du patrimoine des Français est constitué d'actifs financiers, c'est-à-dire de valeurs mobilières comme les actions ou les obligations. La diffusion croissante des organes de presse spécialisés, la médiatisation des évolutions des indices boursiers comme le CAC 40, de même que l'appel à l'épargne publique lors des diverses privatisations, notamment en France depuis 1986, ont détourné une certaine partie du public des placements traditionnels. Les ménages peuvent placer leurs liquidités soit de façon individuelle, en devenant actionnaire ou obligataire, soit de façon collective en souscrivant des titres d'OPCVM.

■ Les entreprises

Les entreprises ont besoin de ressources financières pour développer leurs activités (investissement, implantation à l'étranger, recherche & développement). La Bourse peut leur permettre d'obtenir les fonds dont elles ont besoin. Les entreprises peuvent également avoir recours au marché financier afin de rentabiliser leurs liquidités momentanément inexploitées et obtenir ainsi des gains sous forme de **plus-values** boursières. Il arrive qu'elles préfèrent investir en Bourse plutôt que d'investir en biens d'équipement ou se lancer dans l'élaboration de nouveaux produits en période de ralentissement, ou d'incertitude, de la demande des consommateurs.

■ Les administrations publiques

Les administrations publiques, c'est-à-dire l'État, obtient des ressources monétaires par l'émission de bons du Trésor. Cette démarche permet de financer le déficit budgétaire ou certaines dépenses qui ne sont pas suffisamment couvertes par les recettes fiscales. Les bons du Trésor sont souscrits par les ménages, les entreprises ou les banques.

■ Les investisseurs institutionnels

Les investisseurs institutionnels regroupent certaines catégories d'agents financiers ou d'institutions gérant d'importantes liquidités, telles que les compagnies d'assurance, la Caisse des dépôts et consignation, les banques et les caisses de retraite. L'objectif de ces institutions est de faire fructifier les fonds qui proviennent de l'épargne des particuliers (assurance-vie, assurance retraite).

■ Le reste du monde

Le reste du monde, c'est-à-dire les agents économiques non résidents (dont l'activité économique est extérieure à l'économie française), interviennent sur la place de Paris. On peut citer les ménages et les entreprises non résidentes, mais aussi les investisseurs institutionnels non résidents comme les fonds de pension. Les fonds de pension, organismes financiers qui gèrent l'assurance retraite de dizaines de millions d'individus, notamment dans les pays anglo-saxons, ont des comportements très spéculatifs et leurs placements se traduisent par une extrême volatilité. Leurs opérations constituent un notable facteur de risque pour la finance mondiale.

Les investisseurs de la place de Paris (actions françaises cotées en décembre 1998)

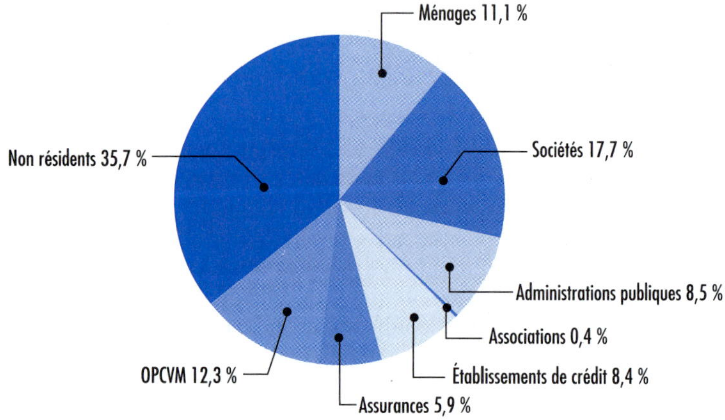

Source : Banque de France.

❸ Les différents marchés de la place de Paris

■ Le marché primaire et le marché secondaire

● **Le marché primaire** est relatif à l'émission des nouvelles valeurs mobilières représentatives du capital des entreprises. Le marché primaire accueille les titres des nouvelles entreprises admises en Bourse ou les nouvelles émissions d'entreprises déjà présentes au sein de l'espace financier et qui cherchent à augmenter leurs ressources. Dans les deux cas de figure, les nouvelles actions sont proposées aux épargnants par les banques et les sociétés de bourse, la Poste ou le Trésor public.

● **Le marché secondaire** est le marché des valeurs mobilières déjà souscrites par les épargnants. Elles font l'objet d'une cotation sur les marchés en fonction de l'offre et de la demande qui les caractérisent.

■ Les différents compartiments de la place de Paris

● Le marché à règlement différé

Il permet la cotation d'environ 300 valeurs, les plus importantes du marché. Le marché à règlement différé est un marché à terme, il permet de différer le règlement et la livraison des titres jusqu'à la liquidation, c'est-à-dire le dernier jour de Bourse du mois. Par exemple, un investisseur achète le quatrième jour du mois, 100 titres à un cours de 60 euros. S'il opte pour le règlement différé, il ne réglera son achat qu'à la liquidation. Il achète en quelque sorte à crédit. Si, vers le 15 du mois, la valeur du titre augmente de 10 %, notre opérateur peut revendre son titre et profiter ainsi de la **plus-value**. En fin de mois, il empochera la différence entre le montant de l'achat et de la vente de son placement, c'est-à-dire 600 euros. Pour être admis au marché à règlement différé, il faut qu'au minimum 25 % du capital d'une société soient présents sur le marché.

• Le Second Marché

Créé le 1er février 1983, il permet à de jeunes entreprises ou à des entreprises moyennes d'accéder au marché financier dans des conditions moins contraignantes que celles imposées aux grandes firmes sur le marché traditionnel. En effet, les entreprises peuvent ne placer que 10 % de leurs actions au Second Marché au lieu de 25 % au marché officiel. Le Second Marché permet également d'accueillir des entreprises préalablement à leur admission au Premier Marché. Sur le Second Marché sont cotées un peu plus de 300 sociétés, en majorité des sociétés françaises. Les ordres d'achat et de vente se font au comptant.

• Le Nouveau Marché

Le Nouveau Marché accueille des entreprises en forte croissance. Créé en février 1996, le Nouveau Marché est une source de financement pour les jeunes entreprises les plus performantes souvent issues des nouvelles technologies de l'information et de la communication. Le Nouveau Marché est une sorte de « petit frère » du NASDAQ américain. À côté des marchés traditionnels, il s'agissait de créer un marché susceptible de mobiliser les capitaux au profit des entreprises de haute technologie les plus dynamiques.

• Le Marché des options négociables de Paris (MONEP)

Créé en 1987, le MONEP ne concerne pas l'achat ou la vente de produits financiers mais, comme son nom l'indique, des options d'achat ou de vente relatives à des actions françaises ou étrangères cotées au règlement différé, ou des options sur l'indice CAC 40. L'origine des marchés d'options vient d'Outre-Atlantique.

• Le Marché à terme international de France (MATIF)

Créé en 1986, le MATIF propose des contrats à terme sur les indices boursiers (CAC 40), sur les taux d'intérêt, sur les monnaies. Les opérateurs qui interviennent sur le MATIF poursuivent soit la sécurité par une couverture relative à l'évolution des marchés soit une démarche essentiellement spéculative.

5 Les produits financiers

1 Les produits financiers traditionnels : actions et obligations

Les produits financiers traditionnels, c'est-à-dire les actions et les obligations, sont souscrits par les épargnants dans le cadre d'une gestion individuelle de portefeuille (ensemble de titres financiers). Les épargnants se procurent des titres par l'intermédiaire de leur banque ou de société de Bourse (organismes spécialisés dans l'achat et la vente de valeurs mobilières).

■ **Les actions** sont des titres représentatifs d'un droit de propriété d'une fraction du capital social (capitaux propres) de l'entreprise. À partir du moment où un épargnant souscrit une certaine quantité d'actions d'une entreprise, c'est-à-dire achète des titres de l'entreprise, il devient actionnaire. Il participe, en théorie, à la vie de l'entreprise en votant aux assemblées générales des actionnaires. Il perçoit un revenu, appelé dividende, qui varie en fonction des résultats de la firme et de la politique définie par le Conseil d'administration.

■ **Les obligations** sont des titres de créances (de prêt) à long terme émis par l'État, une collectivité territoriale ou une grande entreprise. Le souscripteur, ou obligataire, prête son argent pour une durée déterminée lors du contrat (en général entre huit et douze ans). En attendant le remboursement de son capital, *in fine*, c'est-à-dire au terme du prêt, l'obligataire est rémunéré par le versement régulier d'intérêts déterminés lors de l'émission. Cependant l'obligataire peut revendre son titre avant le terme du prêt, les obligations étant cotées quotidiennement. Les obligations sont des valeurs à revenu garanti, quels que soient les bénéfices de l'entreprise. Depuis 1976, il existe cependant des obligations à taux d'intérêt variable qui peuvent évoluer en fonction de la hausse des taux d'intérêt, de même que l'on trouve des obligations convertibles en actions.

2 La gestion collective en valeurs mobilières : les OPCVM

À côté des produits financiers traditionnels souscrits directement par les agents économiques, il existe des organismes de placements collectifs en valeurs mobilières (OPCVM) gérés par des spécialistes de la finance. Les OPCVM sont des fonds d'investissements qui comprennent les SICAV et les FCP. Les épargnants se procurent des parts de SICAV, proposées généralement par les banques, et s'en remettent à la gestion de spécialistes.

■ **Les SICAV** (Sociétés d'investissement à capital variable) ont été créées en 1964. Il s'agit de sociétés anonymes, financées à partir des parts souscrites par les épargnants. L'objectif du gérant de chaque SICAV est de gérer un portefeuille collectif de valeurs mobilières. Le capital de la SICAV est divisé en un certain nombre d'actions, variable en fonction des souscriptions et des retraits. La valeur de chaque SICAV est calculée quotidiennement en fonction du cours des actions et des obligations qui constituent son portefeuille. On trouve sur le marché différents types de SICAV (SICAV monétaires, SICAV obligataires, SICAV en actions, etc.).

■ **Les FCP** (Fonds communs de placement), créés en 1979, se définissent comme une copropriété de valeurs mobilières animée conjointement par une société de gestion des fonds et une société dépositaire des actifs.

SAVOIR FAIRE

Calculer un taux de variation

1. Qu'est-ce qu'un taux de variation ?

Il exprime la variation d'une grandeur (le chômage, le PIB, la valeur d'une action) entre deux dates. Par exemple, un épargnant cherche à calculer l'augmentation de la valeur d'une action *x* achetée 17 € en mai 2001 et cotée 23 € en mai 2002.

2. Comment calculer le taux de variation ?

Cette démarche s'effectue en deux temps.

1. On calcule la variation absolue. Dans notre exemple :
23 – 17 = 6.

2. On calcule l'accroissement rapporté à la valeur initiale et transformé en pourcentage (multiplié par 100) :

$$\frac{6}{17} \times 100 = 35{,}29\ \%.$$

Le taux de croissance de l'action *x* est donc de 35,29 % sur un an.

FAIRE LE POINT

Choisissez la (ou les) bonne(s) réponse(s)

1. La monnaie est :
- **a** - un intermédiaire dans les échanges.
- **b** - un bien d'usage.
- **c** - un bien dont la valeur repose sur la confiance de ses utilisateurs.

2. La Banque de France :
- **a** - émet de la monnaie scripturale.
- **b** - crée de la monnaie en fonction de l'importance de son stock d'or.
- **c** - met en œuvre la politique monétaire.

Construisez une réponse rapide aux questions suivantes

3. Quels sont les différents types de financement d'une entreprise ?

4. Quelles sont les fonctions de la monnaie ?

5. Comment calcule-t-on un taux de variation ?

6. En quoi la monnaie est-elle un instrument de réserve de valeur ?

Répondez vrai ou faux

7. Les chèques constituent une des formes de la monnaie scripturale.

8. Le revenu de l'action s'appelle le dividende.

9. La hausse des taux d'intérêt n'a pas de conséquence sur le niveau de vie des ménages.

10. Le cours des actions et des obligations est déterminé par l'État dans le cadre de la politique monétaire.

CORRIGÉS

1. a., c. 2. a., c. 3. Voir page 31. **4.** Voir page 32. **5.** Voir page 43.
6. Voir page 33. **7.** Faux. **8.** Vrai. **9.** Faux. **10.** Faux.

3 Les structures sociales

AVANT DE COMMENCER

A Assurez-vous de bien maîtriser le vocabulaire suivant

► **Groupe d'appartenance :** groupe social auquel appartient un individu le plus souvent en raison de ses origines sociales (groupe familial, classe sociale).

► **Groupe de référence :** groupe social par rapport auquel un individu détermine ses comportements et ses opinions. Ainsi, une personne voulant appartenir à un autre groupe que le sien, a tendance à épouser les idées, les comportements et les opinions de ce groupe : un fils d'ouvrier étudiant dans une grande école de commerce adoptera des comportements proches de ceux des cadres supérieurs en vue de son intégration dans l'entreprise.

► **Groupe social :** ensemble des individus liés par une situation ou des intérêts communs. Ainsi, les notables d'une ville de province, les agriculteurs d'une région constituent des groupes sociaux.

B Familiarisez-vous avec les noms suivants

► **Karl Marx** (1818-1883), penseur allemand, à l'origine d'une œuvre touchant à la fois la philosophie, l'économie et la sociologie. Il est l'auteur de nombreux ouvrages écrits en collaboration avec Friedrich Engel : *Le Manifeste du parti communiste* (1848), *La Critique de l'économie politique* (1859), *Le Capital* (1867-1894).

► **Max Weber** (1864-1920), sociologue allemand, étudie l'origine des faits sociaux comme le produit des actions, des croyances et des attitudes individuelles. Il a souligné l'importance des concepts dans l'analyse sociologique. Il est l'auteur de *L'Éthique protestante et l'esprit du capitalisme* (1905).

I Les types de hiérarchie et de stratification sociale

1 Le système des castes

Les castes constituent un système de stratification dont l'exemple le plus connu est celui de l'Inde traditionnelle. En dépit de l'abolition du régime des castes après l'obtention de l'indépendance en 1947, on constate toujours la persistance d'opposition entre individus appartenant à des castes différentes, ce qui a pour conséquence de freiner le développement de l'économie indienne. Étudié par le sociologue français Célestin Bouglé (1870-1940), le système des castes se caractérise par trois éléments :

- **La spécialisation héréditaire :** les métiers et professions se transmettent de génération en génération indépendamment des souhaits ou des capacités des individus. Nul ne peut changer de métier au cours de son existence.

- **La hiérarchie :** les castes et les sous-castes sont hiérarchisées les unes par rapport aux autres généralement en fonction de critère religieux. On naît, on vit, on meurt dans sa caste d'origine. Toute moblité sociale, c'est-à-dire le passage d'une catégorie à une autre, est impensable dans le système des castes.

- **La répulsion :** chaque membre d'une caste rejette immédiatement les membres de la caste inférieure comme il est lui-même l'objet de la distanciation de la part des membres des castes supérieures.

Les castes

Répulsion, hiérarchie, spécialisation héraditaire, l'esprit de caste réunit ces trois tendances. Il faut les retenir toutes trois si l'on veut obtenir une définition complète du régime des castes. Nous dirons qu'une société est soumise à ce régime si elle est divisée en un grand nombre de groupes héréditairement spécialisés, hiérarchiquement superposés, et mutuellement opposés — si elle ne tolère en principe ni parvenus, ni métis, ni transfuges de la profession — si elle s'oppose à la fois aux mélanges de sangs, aux conquêtes de rangs et aux changements de métiers.

Célestin Bouglé, *Essai sur le régime des castes*, F. Alcan, 1908.

2 Le système des ordres

■ Les sociétés d'ordres se caractérisent par une succession d'états ou de positions sociales organisées hiérarchiquement. La société française a connu un système d'ordres dès le Moyen-Âge qui perdura jusqu'à la révolution de 1789 avec quelques soubresauts sous l'Empire et la Restauration. Les trois ordres étaient : le clergé, la noblesse et le tiers état.

■ Dans la stratification en ordres, les groupes sociaux sont hiérarchisés non d'après la fortune de leurs membres ou leur rôle dans la production matérielle, mais d'après l'« estime », l'« honneur », la « dignité » attachés à certaines fonctions jugées nécessaires au fonctionnement de la société. La distribution de la population en ordres était définie par le droit.

En France, sous l'Ancien Régime et d'après les travaux d'un juriste du XVIIe siècle, Charles Loyseau, le clergé était considéré comme le premier royaume, la noblesse avait pour mission de défendre la communauté et le tiers état devait subvenir à l'entretien matériel des deux autres ordres.

Les ordres en France aux XVIe et XVIIe siècles

Il faut toujours revenir à Charles Loyseau, magistrat qui, en 1610, a publié une sorte d'anatomie de la société française du XVIe et du XVIIe siècle, maintes fois rééditée, jusqu'à ce qu'au XVIIIe siècle l'attention se soit portée vers la société des classes en formation. Prenons son *Traité des Ordres et simples dignitez*. Pour Loyseau, toute la société française est partagée en Ordres hiérarchisés. L'Ordre est « dignité avec aptitude à la puissance publique », « et en français on la nomme particulièrement Estat, comme estant la dignité et la qualité la plus stable et la plus inséparable de l'homme ». Cette dignité « d'une même sorte et d'un même nom, appartient à plusieurs personnes ». « Plusieurs », à cette époque n'a pas le sens de « quelques-uns », mais signifie « en grand nombre, en quantité ». Avec l'Ordre, nous avons donc bien affaire à un groupe social.

La société française se répartit officiellement en trois Ordres principaux. Au sommet, l'Ordre ecclésiastique, le Clergé, car, en droit, les « Ministres de Dieu » doivent conserver « le premier rang d'honneur ». Ensuite, la Noblesse, soit « gentillesse », « ancienne et immémorable », provenant « d'ancienne race », soit noblesse de dignité, provenant des Offices ou des Seigneuries, qui confère les mêmes privilèges. Enfin, le Tiers-État, qui embrasse le reste du peuple.

Roland Mousnier, *Les Hiérarchies sociales de 1450 à nos jours.*

2 Les classes sociales

1 Définition

Type de stratification sociale articulée en plusieurs groupes dans des sociétés ayant aboli les distinctions institutionnelles et juridiques entre les individus (castes ou ordres). La persistance d'inégalités, l'existence de comportements communs aux membres d'une même classe, la défense d'intérêts identiques poussent les sociologues à utiliser le terme de classes sociales. Par ailleurs, la notion de classe sociale permet d'éclairer les forces en présence dans le cadre d'une analyse en termes de changement social.

2 Les classes sociales selon Karl Marx

■ Karl Marx souligne lui-même qu'il n'a pas découvert l'existence des classes sociales, ni le principe de la lutte des classes. L'usage de cette notion était, en effet, relativement fréquent chez les historiens à la fin du XVIIIe siècle. Bien que les classes sociales occupent une place prépondérante dans les écrits de Marx, il n'en a jamais proposé une définition achevée. Aussi, la définition marxiste des classes sociales fut-elle rédigée par Lénine dans *La Grande initiative* (1919) : « On appelle classes de vastes groupes d'hommes qui se distinguent par la place qu'ils tiennent dans un système historiquement défini de la production sociale, par leur rapport, (la plupart du temps fixé et consacré par la loi) aux moyens de production, par leur rôle dans l'organisation du travail, et donc, par les moyens d'obtention et la grandeur de la part des richesses sociales dont ils disposent ».

■ Trois caractéristiques permettent de définir les classes sociales selon les auteurs marxistes :

• **La place qu'elles occupent dans le mode de production**, notamment par rapport à la propriété privée des moyens de production. La propriété du capital engendre des rapports sociaux qui sont appréhendés par Marx comme des rapports d'exploitation des prolétaires (ceux qui ne disposent que de leur force de travail) par la bourgeoisie capitaliste, détentrice des moyens de production. La détention des instruments de production permet à la classe possédante de s'enrichir grâce à la **plus-value**.

• **La lutte des classes**, moteur de l'histoire, entre classe possédante et classe exploitée qui doit inéluctablement conduire à la disparition du capitalisme par la révolution prolétarienne. Après la révolution, la classe ouvrière instaurerait la dictature du prolétariat (socialisme inférieur), puis à terme la société communiste (socialisme supérieur).

• **La conscience de classe** qui suppose la réunion des travailleurs dans le but de renverser l'ancienne classe dominante et d'instaurer la dictature du prolétariat. La théorie marxiste permet alors de distinguer « **classe en soi** » et « **classe pour soi** ». L'exploitation capitaliste détermine une situation commune entre tous les travailleurs qui les opposent à la bourgeoisie, la classe ouvrière constituant alors une classe en soi. Si les prolétaires prennent conscience de leur exploitation, de la nécessité de se coaliser afin de renverser l'ordre établi, la classe ouvrière devient alors une classe pour soi.

L'apport de Marx à la théorie des classes

Ce n'est pas à moi que revient le mérite d'avoir découvert l'existence des classes dans la société moderne, pas plus que la lutte qu'elles s'y livrent. Des historiens bourgeois avaient exposé bien avant moi l'évolution historique de cette lutte des classes et des économistes bourgeois en avaient décrit l'anatomie économique. Ce que j'ai apporté de nouveau, c'est : 1° de démontrer que l'EXISTENCE DES CLASSES n'est liée qu'à DES PHASES HISTORIQUES DÉTERMINÉES DU DÉVELOPPEMENT DE LA PRODUCTION ; 2° que la lutte des classes mène nécessairement à la DICTATURE DU PROLÉTARIAT ; 3° que cette dictature elle-même ne représente qu'une transition vers l'ABOLITION DE TOUTES LES CLASSES et vers une SOCIÉTÉ SANS CLASSES.

Karl Marx, Lettre de Marx à Weydemeyer, *Lettres sur le Capital*.

PIÈGES ET DIFFICULTÉS

Le vocabulaire de la théorie marxiste

■ **Le mode de production**

Il désigne la façon dont les hommes reconduisent leur existence. Il comprend les forces productives (force de travail), les techniques de production et les rapports de production (rapports de classe).

■ **La dictature du prolétariat**

Appelée aussi socialisme inférieur, elle suppose l'abolition de la propriété privée des moyens de production (capital). La gestion économique, de même que l'organisation politique passent entre les mains de la classe ouvrière, notamment de son avant-garde réunie dans le parti.

■ **Le communisme**

Appelé aussi socialisme supérieur, il constitue le stade ultime de la dynamique historique selon Karl Marx. Aucun pays ayant « tenté » l'expérience socialiste n'a réussi à atteindre le communisme.

3 Les classes sociales selon Max Weber

■ Max Weber distingue dans toute société trois types de stratification : les classes sociales fondées sur les bases d'une hiérarchie économique, les groupes de statut fondés sur le prestige social et enfin la hiérarchie des pouvoirs politiques.

■ Weber définit les classes sociales par la **situation de classe**, c'est-à-dire la chance caractéristique, pour un individu ou un groupe d'individus, d'accéder au marché des biens et des services. Il énumère quatre groupes (la classe dirigeante, la petite bourgeoisie, la classe ouvrière, les intellectuels). Contrairement à Marx, l'analyse weberienne des classes sociales relève d'une stratification purement économique. Les classes sociales ne peuvent exister que dans le cadre d'une économie de marché. Par ailleurs, une même situation de classe n'aboutit pas forcément à la lutte des classes. Il faut en effet que ceux qui partagent des caractéristiques identiques face au marché prennent conscience de leurs intérêts communs et engagent des actions communes pour que l'on puisse parler de lutte de classes.

■ Le deuxième type de stratification, ou groupes de statut, est relatif au prestige accolé à certaines positions sociales en fonction de l'état de la division du travail et des représentations collectives en vigueur. Ainsi, sous l'Ancien Régime, les fonctions religieuses et militaires permettaient à leur détenteurs de bénéficier d'importantes prérogatives du point de vue de la considération sociale indépendamment de leurs ressources économiques. Le troisième type de stratification décrit par Max Weber est lié à l'ordre politique, c'est-à-dire au pouvoir. Les partis politiques, dans les sociétés industrielles, constituent des institutions permettant à leurs membres d'obtenir les nombreux avantages associés à la conquête des postes étatiques.

PIÈGES ET DIFFICULTÉS

Deux courants coexistent en sociologie, à propos des classes sociales

■ Le premier repose sur une **définition réaliste** qui suppose que les classes sociales correspondent à des groupes sociaux réels, clairement repérables à partir d'une étude empirique. L'analyse marxiste relève de cette démarche.

■ Le second, qui s'appuie sur une **définition nominaliste**, part du postulat que le concept de classes sociales n'est qu'un instrument intellectuel issu des analyses des sociologues pour rendre compte des différences sociales et des stratégies des acteurs face au changement social. Ce second type de démarche est associé aux travaux de Max Weber.

3 L'espace des positions sociales selon Pierre Bourdieu

Le sociologue français Pierre Bourdieu analyse l'espace social à partir des relations entretenues par les agents sociaux en fonction des positions sociales qu'ils occupent. Les agents sociaux mobilisent trois catégories de capitaux liés, le plus souvent, à leur origine sociale.

1 Le capital économique

Il rassemble les ressources patrimoniales (terres, biens immobiliers, portefeuille financier) auxquelles s'ajoutent les revenus tirés du patrimoine (loyers, dividendes, intérêts) et les revenus d'activités (salaires, honoraires, bénéfices industriels et commerciaux).

2 Le capital culturel

Il s'agit d'un ensemble plus complexe qui se divise en plusieurs composantes.

- Le **capital hérité ou incorporé** découle de la socialisation au sein du groupe familial, lui-même attaché à une classe sociale. Il s'agit de comportements, d'attitudes et de pratiques, notamment de performances linguistiques, qui exercent un rôle de premier plan dans le parcours des agents sociaux (scolarisation, carrière professionnelle et sociale).
- Le **capital culturel scolaire** est relatif au niveau de diplômes socialement reconnus. L'acquisition du capital scolaire est largement déterminé par le capital hérité dans la mesure où la rentabilité du message éducatif est fonction des compétences acquises au sein du groupe familial.
- Le **capital culturel objectivé** qui prend la forme de ce que Bourdieu appelle la « culture savante ». Il s'agit, par exemple, des œuvres d'art que peut posséder une personne à titre privé ou qui lui sont appropriables symboliquement par une familiarisation esthétique précoce à la compréhension des œuvres (patrimoine artistique exposé dans les musées).

3 Le capital social

Il regroupe les relations privilégiées (réseaux d'entraide), mobilisables par les acteurs ou les groupes d'acteurs à des fins socialement utiles. Les relations familiales remplissent une fonction fondamentale quant à la pérennité de la position des agents sociaux. Elles s'exercent en amont et en aval de la scolarisation, notamment au moment de l'insertion sur le marché de l'emploi et continuent de faire sentir leurs effets durant la carrière professionnelle.

4 Volume de capital et groupes sociaux

La grande majorité des agents sociaux ne maîtrisent pas l'ensemble de ces ressources. Ainsi, les professeurs bénéficient d'un fort capital culturel mais sont, toutes choses égales par ailleurs, faiblement avantagés en capital économique. Les patrons de PME, les commerçants sont généralement bien dotés en capital économique mais leur capital culturel est souvent plus faible. Certains groupes sociaux très minoritaires comme les membres des professions libérales et surtout les hauts fonctionnaires ou les anciens élèves de grandes écoles parviennent à disposer de l'ensemble des capitaux nécessaires à la conservation de leurs position au sein de la classe dominante. À l'autre extrémité du corps social, les ouvriers cumulent l'absence de ressources socialement utiles en termes de capital économique, de capital culturel et social.

Espace des positions sociales et espace des styles de vie

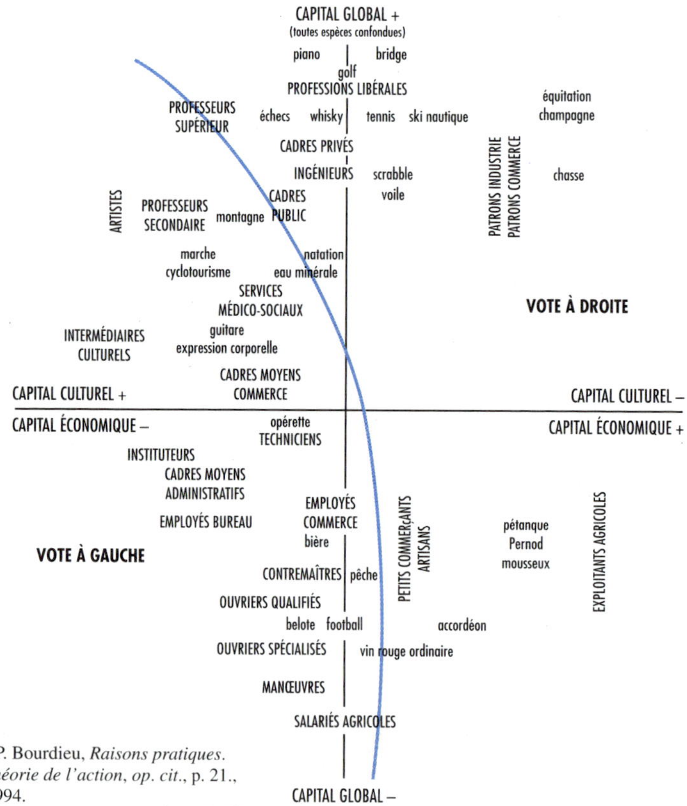

Tiré de P. Bourdieu, *Raisons pratiques. Sur la théorie de l'action*, *op. cit.*, p. 21., Seuil, 1994.

La consommation, un acte social

C'est, plus profondément, tout le *schéma corporel*, et en particulier la manière de tenir le corps dans l'acte de manger, qui est au principe de la sélection de certaines nourritures. Ainsi par exemple si le poisson est, dans les classes populaires, une nourriture peu convenable pour les hommes, ce n'est pas seulement parce qu'il s'agit d'une nourriture légère, qui ne tient pas au corps, et qu'on ne prépare, en fait, que pour des raisons hygiéniques, c'est-à-dire pour les malades et pour les enfants ; c'est aussi qu'il fait partie, avec les fruits (bananes exceptées), de ces choses délicates qui ne peuvent être manipulées par des mains d'homme et devant lesquelles l'homme est comme un enfant (c'est la femme qui, se plaçant dans un rôle maternel, comme elle fait dans tous les cas semblables, se chargera de préparer le poisson dans l'assiette ou de peler la poire) ; mais c'est surtout qu'il demande à être mangé d'une façon qui contredit en tout la manière proprement masculine de manger, c'est-à-dire avec retenue, par petites bouchées, en mastiquant légèrement, *avec le devant de la bouche*, sur le bout des dents (pour les arêtes). C'est bien toute l'identité masculine, — ce que l'on appelle la virilité —, qui est engagée dans ces deux manières de manger, du bout des lèvres et par petits morceaux, comme les femmes à qui il convient de *chipoter*, ou à pleine bouche, à pleines dents et par grosses bouchées, comme il convient aux hommes, au même titre qu'elle est engagée dans les deux manières, parfaitement homologues, de parler, avec le devant de la bouche ou avec toute la bouche, et en particulier le fond de la bouche, la gorge (selon l'opposition, déjà notée ailleurs, entre la *bouche*, la fine bouche, la bouche pincée, ou les lèvres, et la *gueule*, — fort en gueule, coup de gueule, engueuler et aussi « s'en foutre *plein* la gueule »).

Pierre Bourdieu, *La Distinction*.

PIÈGES ET DIFFICULTÉS

Holisme et individualisme méthodologique

■ **Le holisme méthodologique** (du grec *holos*, le tout), consiste à appréhender les phénomènes sociaux comme résultant du **produit des structures sociales**. La société ne se réduit pas à un simple regroupement d'individus mais suppose la prédominance des effets de système sur les comportements sociaux. Cette méthode se traduit par un effacement de l'autonomie des individus par rapport à la société globale. Comme le signale Émile Durkheim dans *Les Règles de la méthode sociologique* (1895) : « La société n'est pas une simple somme d'individus et le système formé par leur association représente une réalité spécifique qui a ses caractères propres. »

■ **L'individualisme méthodologique** consiste à appréhender les faits sociaux comme résultant de **l'interaction des actions individuelles**. Cette démarche trouve ses origines dans les travaux de Max Weber et s'oppose au holisme méthodologique. Raymond Boudon est le principal représentant de l'individualisme méthodologique au sein de la sociologie française. Il analyse les faits sociaux comme le produit de l'agrégation des comportements individuels. L'intérêt de l'individualisme méthodologique consiste à limiter les prétentions des modèles holistes qui délaissent les comportements des acteurs au profit de la prégnance du tout sur les parties.

4 *Les professions et catégories socioprofessionnelles (PCS)*

1 Définition

La nomenclature des Professions et catégories socioprofessionnelles (PCS), élaborée par l'Institut national de la statistique et des études économiques (INSEE), constitue une représentation de la société française fondée à partir du regroupement d'individus ayant le même statut socioprofessionnel.

2 L'architecture de construction des PCS

■ Conçu dans les années 1950, utilisé pour la première fois pour le recensement de 1954, le code des CSP a été modifié en 1982 pour tenir compte des modifications qui étaient intervenues dans le système des emplois et des qualifications. On parle maintenant de nomenclature des PCS. Les principes de construction sont cependant identiques, ils reposent sur quatre critères :

- Le **statut juridique** qui permet de dissocier les travailleurs salariés (cadres, employés, ouvriers) des travailleurs indépendants, c'est-à-dire établis à leur compte (agriculteurs exploitants, artisans, commerçants).
- Le **métier** ou la profession individuelle (boulanger, médecin, notaire).
- La **position hiérarchique** (cadres ou non cadres).

Niveau agrégé (8 postes dont 6 pour les actifs occupés)	Niveau détaillé (42 postes dont 32 actifs)
1. Agriculteurs exploitants	11. Agriculteurs sur petite exploitation. 12. Agriculteurs sur moyenne exploitation. 13. Agriculteurs sur grande exploitation.
2. Artisans, commerçants et chefs d'entreprise	21. Artisans.
	22. Commerçants.
	23. Chefs d'entreprise de 10 salariés ou plus.
3. Cadres et professions intellectuelles supérieures	31. Professions libérales. 33. Cadres de la fonction publique. 34. Professeurs, professions scientifiques. 35. Professions de l'information, des arts et des spectacles.
	37. Cadres administratifs et commerciaux d'entreprise. 38. Ingénieurs et cadres techniques d'entreprise.
4. Professions intermédiaires	42. Instituteurs et assimilés. 43. Professions intermédiaires de la santé et du travail social. 44. Clergé, religieux. 45. Professions intermédiaires administratives de la fonction publique.
	46. Professions intermédiaires administratives et commerciales des entreprises.
	47. Techniciens.
	48. Contremaîtres, agents de maîtrise.
5. Employés	52. Employés civils et agents de service de la fonction publique. 53. Policiers et militaires.
	54. Employés administratifs d'entreprise. 55. Employés de commerce. 56. Personnels des services directs aux particuliers.
6. Ouvriers	62. Ouvriers qualifiés de type industriel. 63. Ouvriers qualifiés de type artisanal. 64. Chauffeurs. 65. Ouvriers qualifiés de la manutention, du magasinage et du transport.
	67. Ouvriers non qualifiés de type industriel. 68. Ouvriers non qualifiés de type artisanal.
	69. Ouvriers agricoles.
7. Retraités	71. Anciens agriculteurs exploitants.
	72. Anciens artisans, commerçants, chefs d'entreprise.
	74. Anciens cadres. 75. Anciennes professions intermédiaires.
	77. Anciens employés. 78. Anciens ouvriers.
8. Autres personnes sans activité professionnelle	81. Chômeurs n'ayant jamais travaillé.
	83. Militaires du contingent. 84. Élèves, étudiants. 85. Personnes diverses sans activité professionnelle de moins de 60 ans (sauf retraités). 86. Personnes diverses sans activité professionnelle de 60 ans et plus (sauf retraités).

• Le **nombre de salariés** pour les employeurs (artisans, commerçants ou chefs d'entreprise).

■ **Les Professions et catégories socioprofessionnelles sont également segmentées en grands groupes présentant une certaine homogénéité sociale.** Ainsi en est-il des huit groupes socioprofessionnels (niveau agrégé de 1 à 8). Les membres d'un même groupe de CSP sont sensés :

• Entretenir des relations entre eux.

• Avoir des opinions et adopter des comportements communs.

• Se considérer eux-mêmes comme appartenant à une même catégorie et être considérés comme tels par les autres.

PIÈGES ET DIFFICULTÉS

Catégories socioprofessionnelles et classes sociales

■ La nomenclature des PCS constitue un instrument essentiellement empirique, c'est-à-dire qu'il est le produit d'une organisation reposant sur des caractéristiques socioprofessionnelles réelles. Il ne privilégie aucune théorie sociologique en particulier. Cependant, comme le soulignait Jean Porte, l'un des auteurs à l'origine de la constitution des CSP, dans le *Traité de sociologie du travail* de Pierre Naville et Georges Friedmann : « Il y a analogie mais non identité entre les catégories socioprofessionnelles et le concept de classe sociale ».

■ Le passage des PCS aux classes sociales apparaît cependant particulièrement difficile à opérer. La première difficulté consiste à privilégier une théorie des classes sociales parmi toutes celles qui existent. Néanmoins, l'habitude a été prise de considérer les cadres et professions intellectuelles supérieures comme appartenant aux classes supérieures. Les employés et membres des professions intermédiaires constituent l'essentiel des classes moyennes. Les ouvriers seraient particulièrement représentatifs des classes populaires.

FAIRE LE POINT

Choisissez la (ou les) bonne(s) réponse(s)

1. Les classes sociales se définissent dans la théorie marxiste :
a - par rapport à la propriété des moyens de production.
b - par l'estime ou l'honneur attaché à certaines fonctions dans l'entreprise.
c - par la lutte des classes.

2. La nomenclature des PCS :
a - est fondée sur la théorie marxiste des classes sociales.
b - a été utilisée pour la première fois en 1954.
c - ne privilégie aucune théorie sociologique en particulier.

Construisez une réponse rapide aux questions

3. Comment peut-on définir les sociétés d'ordre ?

4. Que peut-on entendre par mode de production au sens marxiste ?

5. Quelles sont les caractéristiques de la structure des PCS ?

6. Quelles différences opposent les classes sociales et les PCS ?

Répondez vrai ou faux

7. Pour Max Weber, la situation de classe est inséparable de la lutte des classes.

8. Dans le système des castes, on peut changer de métier au cours de sa vie professionnelle.

9. L'Union Soviétique n'a jamais atteint le stade du communisme tel que le définissait Karl Marx.

10. La définition nominaliste des classes sociales repose sur l'idée que les classes sociales existent réellement au sein de la société.

CORRIGÉS

1. b. **2.** b., c. **3.** Voir page 47. **4.** Voir page 49. **5.** Voir page 54. **6.** Voir page 56. **7.** Faux. **8.** Faux. **9.** Vrai. **10.** Faux.

4 La socialisation et la culture

AVANT DE COMMENCER

Ne confondez pas les expressions suivantes

► **Société archaïque ou primitive :** société composée d'une communauté humaine de faible dimension (clan, tribu) dans laquelle l'activité économique est peu développée. Ce type de société, étudiée par les anthropologues au XIXe siècle, a quasiment disparu en raison des contacts avec la culture occidentale.

► **Société industrielle :** type d'organisation sociale née de l'industrialisation occidentale aux XVIIIe et XIXe siècles. La société industrielle, selon le sociologue français Raymond Aron, se caractérise par des critères associés à l'entreprise capitaliste (division du travail, progrès technique, accumulation du capital, calcul économique) de même que par la séparation entre la cellule familiale et le lieu d'exercice professionnel ainsi que par la concentration des populations salariées à proximité du lieu de travail (urbanisation).

► **Société industrielle avancée :** notion conçue pour désigner l'évolution des sociétés industrielles des pays les plus dévéloppés dans les années 60. Ces sociétés se caractérisent par la prédominance du secteur tertiaire, l'importance de l'éducation et la puissance des médias.

► **Société traditionnelle (ou pré-industrielle) :** ensemble des formations sociales ayant précédé l'industrialisation. Ces sociétés sont fondées sur le respect des traditions qui commande les comportements des populations. La collectivité locale est l'un des éléments de base de la solidarité entre les individus (réseau d'interconnaissance). Il y a analogie entre l'activité économique et le groupe familial. La production est essentiellement agricole.

I La socialisation

1 Définition

La socialisation a été définie par Émile Durkheim (1858-1917) comme le processus autoritaire par lequel la société perpétue et renforce son homogénéité en transmettant à l'individu les normes de son groupe.

2 Socialisation et reproduction sociale

On peu distinguer **une socialisation primaire** qui prend place durant l'enfance et **une socialisation secondaire** qui se déroule tout au long de la vie de l'individu ; ce dernier devant constamment actualiser les nouveaux comportements qui lui sont réclamés par la société. La socialisation s'effectue par le biais d'institutions ou d'instances de socialisation telle la famille, qui est, généralement, le premier **agent de socialisation** dans l'histoire de l'individu. L'école, les diverses religions, les associations sportives, mais aussi les médias remplissent également une fonction de socialisation.

3 Socialisation et interactions sociales

Pour les sociologues interactionnistes, notamment pour l'Américain George Herbert Mead (1863-1931), la socialisation est le produit des interactions entre individus. Cette démarche s'oppose au fonctionnalisme durkheimien qui minimise le jeu des relations individuelles. Mead développe dans *L'Esprit, le soi et la société* (1934) l'idée que l'individu assume lui-même sa socialisation face aux autres partenaires de l'action sociale. L'enfant dans ses relations avec ses parents construit son identité sociale, ce que Mead appelle **le soi**. Au fur et à mesure de son développement, il intériorisera les normes en vigueur, les personnalités parentales s'effaceront au profit d'une entité abstraite, **l'autrui généralisé**, qui représente ce qui est attendu de lui par le reste de la société.

4 Les fonctions de la socialisation

■ **L'acquisition de la culture** globale et/ou des sous-cultures relatives aux groupes d'appartenance de l'individu, ceci dans des formations sociales différenciées.

■ **L'intégration de la culture à la personnalité** : les obligations morales, religieuses, économiques doivent être progressivement intériorisées par les individus.

■ **L'adaptation à l'environnement social**, c'est-à-dire l'insertion de l'individu dans les différents groupes qui constituent l'organisation sociale (famille, milieu local, association, entreprise).

PIÈGES ET DIFFICULTÉS

La méthode interactionniste en sociologie

■ Le courant interactionniste, d'origine américaine, consiste à expliquer les phénomènes sociaux comme le produit des interactions entre les individus. L'un des principaux représentants de l'École interactionniste, Erving Goffman (1922-1982), dans *La Mise en scène de la vie quotidienne*, définit l'interaction : « comme l'influence réciproque que les partenaires exercent sur leurs actions respectives lorsqu'ils sont en présence physique immédiate les uns des autres ». La société devient un théâtre où se définissent en permanence les rôles sociaux que chaque individu doit actualiser. Ce sont les rapports entre rôles (système d'interactions) qui constituent la trame du social.

■ Les sociologues interactionnistes critiquent la démarche fonctionnaliste (telle qu'elle se trouve présente chez Durkheim) dans la mesure où la socialisation des acteurs y est toujours appréhendée comme une donnée allant de soi, les individus étant sensés obéir et se conformer aux systèmes de valeurs et aux normes intériorisées. Pour l'école interactionniste, les rôles sociaux ne découlent pas mécaniquement de la position institutionnelle occupée par les acteurs sociaux. Le rôle social ne s'impose pas de l'extérieur, il résulte d'une dynamique comportementale fondée sur les attentes réciproques des différents individus amenés à contracter une relation sociale.

2 Le concept de culture

Les différentes définitions de la culture

La culture au sens de civilisation

Il s'agit de l'usage le plus ancien qui remonte au XVIIIe siècle à l'apogée des Lumières. La culture est alors synonyme de progrès, d'humanité ; elle se veut rupture avec la « barbarie » et les pratiques archaïques de « l'ancien monde ». La culture française devient alors un exemple pour l'ensemble du monde, on assiste ainsi à l'apparition d'un modèle à vocation universelle comme en témoigne, en autres exemples, la Déclaration des droits de l'homme de 1789.

La culture au sens d'idéal rattaché à un État-nation

C'est en Allemagne, au XIXe siècle, que naît cet usage accolé aux particularismes intellectuels, éthiques et sociaux d'un peuple. Cette vision de la culture, à l'origine fortement teintée d'ethnocentrisme, peut induire une classification hiérarchique des nations.

La culture au sens anthropologique

Elle constitue une rupture avec les définitions précédentes dans la mesure où le concept de culture se dissocie de celui de civilisation. Elle se constitue progressivement au fur et à mesure des travaux que mènent les anthropologues sur les sociétés primitives. La définition la plus achevée de la culture, au sens anthropologique, revient au britannique Edward Burnett Tylor dans *Primitive culture* (1871) : « un vaste ensemble complexe comprenant les connaissances, les croyances, l'art, la morale, les lois, les coutumes et toutes les autres aptitudes et habitudes acquises par l'homme en tant que membre d'une société ». La culture n'est plus un idéal, elle devient un ensemble de signes qui permettent à une communauté de se perpétuer.

La culture au sens sociologique

Elle s'inspire de l'œuvre durkheimienne et plus particulièrement de la définition de la contrainte sociale. La culture est alors un **ensemble de manières de penser, de sentir et d'agir partagées par une pluralité de personnes et qui servent à constituer ces personnes en une collectivité particulière et distincte**. Cependant, la division du travail et le haut niveau de différentiation des sociétés industrielles avancées amènent à la multiplicité des groupes sociaux et à l'existence de **sous-cultures** spécifiques à certains groupes par rapport à la culture globale. Le sociologue britannique Richard Hoggart, dans *La Culture du pauvre* (1975) met à jour les représentations et les comportements des membres des classes populaires dans leurs caractéristiques particulières par rapport à la culture des groupes sociaux dominants. Pierre Bourdieu dans *La Distinction, critique sociale du jugement* (1982), oppose les différences de pratiques culturelles entre les classes dominantes et les autres composantes du corps social en soulignant la domination de la **culture savante** qui impose sa légitimité en fonction des rapports de force sous-tendus par les ressources des classes supérieures. Comme le fait remarquer Bourdieu, **la culture, c'est ce qui met chacun à sa place**.

3 La diversité des cultures

1 Culture et sociétés préindustrielles

Les sociétés archaïques et les sociétés traditionnelles reposent sur une forte adhésion des individus aux valeurs et aux normes collectives. Les transgressions sociales sont rarement permises, chaque individu devant « faire corps » avec la société. La culture réalise alors l'unité sociale rendue facile grâce au faible niveau de différenciation entre les acteurs sociaux. Les sociétés, essentiellement rurales, ne connaissent pas la complexité des rapports sociaux des sociétés avancées.

2 Culture et société industrielle

Selon Émile Durkheim, la société industrielle est fondée sur la division du travail. Cette répartition des tâches entre différentes catégories d'acteurs va entraîner un éclatement du corps social. L'unité culturelle laisse alors la place à un système polyculturel qui recouvre différentes variantes en fonction des multiples groupes constituant la société : classes sociales, classes d'âge, groupes socioprofessionnels.

3 Sous-culture et contre-culture

- La notion de **sous-culture** renvoie à l'éclatement de la culture globale. Les sociétés industrielles sous le poids du changement social ont entraîné l'émergence de groupes sociaux ayant leur propre façon de penser, de sentir ou d'agir. Les valeurs et les normes globales ont été remodelées et adaptées à des structures qui, sans créer de scission au sein de la société, laissent apparaître des différences dans les comportements des acteurs, liés à ces groupes.

- La **contre-culture** est une sous-culture s'opposant à la culture globale. On peut citer comme exemple les travaux des Encyclopédistes dans la France du XVIIIe siècle, les écrits des penseurs libéraux remettaient en cause les bases mêmes de la société française de l'Ancien Régime. Plus proches de nous, les slogans des contestataires de mai 1968 remettaient en cause les fondements de la société de consommation de masse des années 60.

4 Cultures et comportements économiques

1 Cultures de classe et consommation

Pour les économistes néo-classiques de la fin du XIXe siècle, le consommateur est un individu rationnel qui recherche le maximum d'utilité d'un produit au prix le plus bas, c'est-à-dire le meilleur rapport qualité-prix. Certains types de consommation s'écartent de cette logique. Ils s'expliquent par des rapports entre consommateurs en dehors du système des prix. Des phénomènes comme l'« **effet d'imitation** » ou l'« **effet d'ostentation** » soulignent le poids des stuctures sociales sur les comportements économiques.

2 L'effet d'imitation

L'effet d'imitation souligne la diffusion des modèles culturels à l'intérieur de la société. La mode relève, par exemple, de l'effet d'imitation. La dynamique de la consommation repose sur l'effet d'imitation et montre l'effet d'entraînement lié à certaines catégories sociales qui vont influencer les choix économiques de multiples consommateurs.

3 L'effet d'ostentation

■ C'est à l'économiste et sociologue américain **Thorstein Veblen** (1857-1929) que l'on doit la notion d'effet d'ostentation ou de consommation ostentatoire. En étudiant le mode de vie de la bourgeoisie américaine à la fin du XIXe siècle, il montre que les membres des classes supérieures se procurent des produits souvent inutiles mais à des prix particulièrement élevés.

■ La logique qui sous-tend ces comportements est plus sociale qu'économique. Il s'agit de montrer à la fois son pouvoir d'achat et sa position sociale. En achetant des produits de luxe, on peut se démarquer du reste de la population par la manipulation de « biens de distinction » qui viennent redoubler les différences de classes. La consommation cesse d'être un acte strictement économique pour devenir un acte social.

La consommation ostentatoire

Si l'on peut montrer, non seulement que l'on peut se permettre de consommer à volonté et sans compter, mais en outre et du même coup, que l'on n'a pas besoin de travailler pour vivre, on administre une preuve beaucoup plus convaincante de sa dignité sociale. Aussi nos vêtements ne doivent-ils pas se borner à coûter cher, mais exposer clairement à tout observateur que nous n'employons nullement nos bras à produire quoi que ce soit. Au cours du processus qui a mit au point cet incomparable outil d'ostentation qu'est notre système vestimentaire, on a donné toute l'attention voulue à cette forme secondaire du témoignage. Si l'on examine en détail ce que tout le monde entend par une mise élégante, on verra qu'elle est en tous points conçue pour donner l'impression que la personne bien mise n'a pas l'habitude de fournir le moindre effort utile. Faut-il dire qu'un costume ne saurait passer pour élégant, ni même pour convenable, s'il porte des traces de travail manuel, s'il est usé ou maculé ? Ce qui plaît dans des effets propres et bien tenus, c'est surtout, pour ne pas dire uniquement, qu'ils évoquent le loisir — l'exemption de toute espèce d'opération industrielle.

Thorstein Veblen, *Théorie de la classe de loisir*, 1898.

4 Cycle de consommation et stratégie de classes

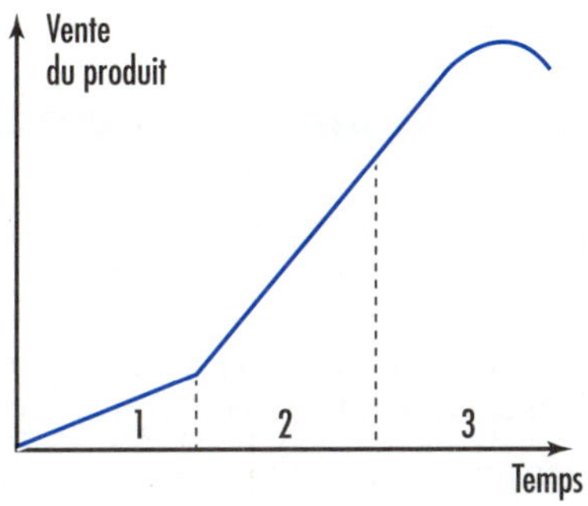

■ **Phase 1 :** le produit est d'un prix élevé, il est acheté essentiellement par les membres des classes supérieures à des fins de distinction sociale (effet d'ostentation).

■ **Phase 2 :** le prix du produit tend à baisser (progrès technique, économies d'échelle). Les classes moyennes peuvent se le procurer facilement (effet d'imitation). Au fur et à mesure de l'achat du produit par les classes moyennes, les membres des classes supérieures sont attirés soit par un produit identique mais présentant des carctéristiques nouvelles, soit par un autre produit.

■ **Phase 3 :** le prix du produit le rend accessible aux membres des classes populaires. Le produit se banalise et perd ainsi sa fonction symbolique.

PIÈGES ET DIFFICULTÉS

Ne confondez pas les notions suivantes

■ Le **niveau de vie** d'un individu ou d'une catégorie sociale est déterminé par l'importance du **revenu**. Ainsi, un cadre supérieur qui gagne 3 800 euros par mois connaît un niveau de vie supérieur à celui d'un employé qui perçoit trois fois moins.

■ Le **genre** ou le **style de vie** sont des notions plus qualitatives dans la mesure où à un même niveau de ressources peut correspondre des « façons de vivre » très différentes d'une catégorie sociale à une autre. Le niveau d'instruction, le type d'habitat (urbain, rural), l'état matrimonial (célibataire, marié avec ou sans enfants), l'exercice professionnel, autant de variables qui impliquent des genres de vie différents. Ainsi, les membres des professions libérales n'auront pas les mêmes pratiques de loisirs que d'autres catégories bénéficiant de revenus identiques (commerçants par exemple).

5 *L'individu et la contrainte sociale*

1 La contrainte sociale

■ L'homme est, par obligation, un être social. Il n'existe pas d'individu en dehors d'une collectivité. Seulement, en échange de son intégration à l'intérieur d'un réseau de solidarité, il devra se plier aux règles de l'organisation.

■ Les comportements, les pratiques sociales sont le plus souvent extérieurs à l'individu. Ils sont dotés d'une puissance coercitive et impératice en vertu de laquelle ils s'imposent à celui qui devient un « acteur social ». Ainsi apparaît ce que Durkheim appelle la contrainte sociale. Si une personne transgresse les règles du jeu et les conventions de la société auxquelles elle appartient, elle sera sanctionnée. L'intégration sociale passe donc par l'apprentissage des valeurs et des normes.

2 Le poids des valeurs

Les valeurs sont des idées abstraites qui se traduisent souvent par des modèles de comportement qu'une personne ou un groupe de personnes reconnaissent comme un « idéal ». Ces modèles sont présentés aux individus comme autant de conduites à adopter. C'est grâce à la socialisation que les individus intériorisent les valeurs qui ont cours dans leur société et dans leur groupe.

3 Les normes sociales

Les normes sociales constituent un ensemble de principes et de règles qui conditionnent les comportements des individus en conformité avec les valeurs de leur société. Les normes permettent la régulation sociale, c'est-à-dire le « bon fonctionnement » de l'organisation de la collectivité.

Il existe des normes codifiées par des textes juridiques ou religieux dont la violation expose le contrevenant à des sanctions (Code de la route). D'autres normes non écrites se trouvent ritualisées dans les traditions ou dans les pratiques sociales (règle de politesse).

6 *L'individu et l'organisation*

1 Statut et rôles sociaux

■ Les notions de statut et de rôle sont importantes pour comprendre le fonctionnement de la société : comment les individus sont attachés aux groupes sociaux dont ils font partie, comment ils arrivent à intégrer les valeurs et les normes de la société. Selon le sociologue français, **Jean Stoetzel**, la place qu'occupe un individu détermine son statut et son rôle :

- son **statut** est l'ensemble des comportements à quoi il peut s'attendre « légitimement » de la part des autres ;
- son **rôle** est l'ensemble des comportements à quoi les autres s'attendent « légitimement » de sa part.

■ Les deux notions sont **distinctes mais complémentaires**. Ainsi, un professeur, par son statut, est en droit d'attendre l'attention de ses élèves, l'estime de ses collègues et l'assistance de l'administration de son lycée. En revanche, les élèves attendent de leur professeur qu'il les instruise sans trop les ennuyer car c'est son rôle.

2 Rôles et contre-rôles

Le rôle de professeur est défini par les attentes des différents partenaires qu'il est amené à rencontrer dans l'exercice de sa profession. Ces derniers (élèves, parents d'élève, proviseur) jouent des « contre-rôles » par rapport à la position du professeur dans le système éducatif.

3 Statut assigné ou statut acquis

■ Le **statut assigné** et les rôles qui en découlent sont extérieurs à la volonté de l'individu. Celui-ci est « **hérité** » comme, par exemple, le statut de fils ou de fille à l'intérieur du groupe familial. Les statuts professionnels sont aussi, le plus souvent, des statuts assignés. En effet, 58 % des fils d'ouvriers deviennent ouvriers à leur tour, il en est de même pour les fils de cadres.

■ Le **statut acquis** suppose, au contraire, un **choix de l'individu**. Encore faut-il que les conditions nécessaires au changement social soient réunies. Les périodes de transformations économiques et sociales sont favorables à l'acquisition de positions différentes à celles qui découlaient de la naissance. Les périodes de récession se traduisent au contraire par le maintien du statu quo en matière de mobilité sociale.

PIÈGES ET DIFFICULTÉS

Il n'existe pas de valeur universelle

■ Les valeurs, les normes sont toujours liées à une société particulière. Ce qui peut être recommandé dans une communauté sera déconseillé dans une autre et inversement. Par ailleurs, les valeurs et les normes d'une société donnée se transforment dans le temps.

Il faut se méfier de l'ethnocentrisme

■ L'ethnocentrisme est une démarche intellectuelle qui consiste à appréhender l'autre en fonction de sa propre culture. Le sociologue doit s'interdire ce type de comportement qui nuirait à la qualité de sa recherche. Le caractère particulariste des valeurs et des normes nous invitent à nous méfier des jugements à l'emporte-pièce formulés à l'égard de telle ou telle pratique sociale extérieure à nos propres références culturelles.

FAIRE LE POINT

Choisissez la (ou les) bonne(s) réponse(s)

1. La socialisation permet :
- **a** - l'adaptation de l'individu à la société dont il fait partie.
- **b** - l'adaptation de l'individu aux groupes sociaux dont il fait partie.
- **c** - la séparation de l'enfant et du groupe familial.

2. Les agents de socialisation :
- **a** - assurent l'intégration sociale des individus.
- **b** - sont exclusivement constitués de la famille et de l'école.
- **c** - imposent des sanctions aux individus.

Construisez une réponse rapide aux questions suivantes

3. Comment la famille conditionne-t-elle l'accès à la vie adulte des jeunes générations ?

4. Qu'est-ce qu'une sous-culture ?

5. Quelles différences peut-on faire entre valeurs et normes ?

6. Qu'appelle-t-on effet d'ostentation ?

Répondez vrai ou faux

7. Chaque société impose une contrainte sociale à ses membres.

8. Rôles et statuts sont deux notions identiques.

9. Les valeurs des sociétés occidentales ont une portée universelle.

10. Les normes sociales sont toujours juridiques.

CORRIGÉS

1. a, b. **2.** a, c. **3.** Voir page 60. **4.** Voir page 63. **5.** Voir page 66-67. **6.** Voir page 64. **7.** Faux. **8.** Faux. **9.** Vrai. **10.** Faux.

5 L'organisation politique

AVANT DE COMMENCER

Assurez-vous de bien maîtriser le vocabulaire suivant

► **Autorité :** recours à la contrainte et à un système de sanctions pour permettre l'obéissance.

► **Démocratie :** (du grec *démos*, peuple), système de gouvernement du plus grand nombre. La démocratie s'oppose à la monarchie (gouvernement d'un seul) et à l'oligarchie (gouvernement de quelques-uns).

Le système démocratique repose sur trois éléments :
- désignation des gouvernants par le suffrage universel ;
- séparation des pouvoirs (éxécutif, législatif et judiciaire) ;
- contrôle de la constitutionnalité des lois.

► **Influence :** persuasion du détenteur du pouvoir sans recours à la contrainte.

► **Légitimité :** qualité de ce qui est accepté et reconnu sans contrainte par les membres d'une communauté politique. Dans un système démocratique, la légitimité des gouvernants découle du suffrage universel.

► **Politique :** (du grec *polis*, la cité) « Est politique un groupe de domination dont les ordres sont éxécutés sur un territoire donné par une organisation administrative qui dispose de la menace et du recours à la violence physique ». (Max Weber).

► **Pouvoir :** capacité d'une personne ou d'un groupe de personnes de modifier le comportement d'autrui.

I Le concept d'État

1 L'État, une notion empruntée à la philosophie politique

■ Le concept d'État apparaît sous la plume des penseurs libéraux des XVIIe et XVIIIe siècles. Il est le produit d'un accord entre les gouvernants et les gouvernés. L'origine et la légitimité de l'État reposent sur le « contrat social ». Deux auteurs défendent cette perspective : le britannique Thomas Hobbes dans *Le Léviathan* (1651) et le français Jean-Jacques Rousseau dans *Du Contrat social* (1762).

■ Pour Thomas Hobbes, dans l'état de nature, l'homme est un loup pour l'homme. La société inorganisée est une jungle ou règne toujours le droit du plus fort. Pour assurer la paix civile et le passage à la société politique, chaque individu doit remettre son pouvoir à une autorité puissante qui aura pour tâche le maintien de l'ordre dans l'intérêt du plus grand nombre. Cette autorité, c'est le souverain, c'est-à-dire l'État.

■ Jean-Jacques Rousseau recherche les conditions d'émergence d'un État social qui serait légitime. Le **contrat social** n'a pas pour but de concilier tous les intérêts égoïstes, mais plutôt de dégager une « volonté générale » au service du bien commun. Ainsi apparaît le consensus démocratique.

Qu'est-e cque l'État ?

Il vient du terme latin *Status*, ce qui est debout. C'est un mot relativement récent, utilisé en Europe à partir de la Renaissance, en tout cas du XVIIe siècle, pour désigner cette entité (abstraction) qui sert de cadre et de support au pouvoir politique. On sait que les grecs utilisaient le terme de *Cité* (*polis*), et les romains celui de *Civitas* ou de *République* (*res publica*). Au XVIe siècle encore, Jean Bodin, contemporain du poète Ronsard, dans *Les six livres de la République*, désigne par République ce que nous appelons État. Aujourd'hui, le mot République qualifie une certaine forme de régime — avec ses institutions propres et ses principes — notamment par opposition à une autre, à la forme monarchique ou impériale.

Il semble que ce soit Machiavel — le célèbre auteur du *Prince* (1515) — qui ait l'un des premiers utilisé le mot État au sens moderne. Le mot s'est généralisé dans toutes les langues (Staat, Stato, State, Estado,...) mais une confusion subsiste parfois entre les expressions État et Nation, surtout dans la langue anglaise, qui ne sont pas synonymes et doivent être distinguées (ex. Société des Nations, Organisation des Nations Unies, où les membres sont uniquement des États et non des nations au sens propre du terme).

Charles Cadoux, *Droit constitutionnel et institutions politiques*, Tome 1.

2 L'État, une notion juridique

Selon le juriste français Georges Burdeau, l'État se caractérise par l'institutionnalisation du pouvoir. L'État est le titulaire abstrait et permanent du pouvoir, les gouvernants ne sont que les agents d'exercice des prérogatives étatiques, et ce d'une façon essentiellement passagère.

L'État, personne morale de droit public, est caractérisé par trois éléments :

- un **pouvoir souverain**, c'est-à-dire une autorité politique légitime ;
- une **population** composée de nationaux et d'étrangers résidant sur le territoire national ;
- un **territoire** sur lequel l'État exerce sa souveraineté.

3 L'État, une notion sociologique

■ Pour le sociologue allemand Max Weber, l'État se définit par **le monopole de la violence physique légitime** sur un territoire déterminé. L'État est ainsi la seule institution sociale à pouvoir recourir à la force publique (police, armée), à condamner (emprisonnement, peine capitale) ceux qui s'écartent des règles et des lois communes.

■ Selon Karl Marx et les théoriciens qui s'inspirent de son œuvre , l'État n'est pas neutre par rapport à la société civile. **L'État est un instrument au service de la classe dominante**, un ensemble d'appareils coercitifs qui permettent à la bourgeoisie, dans le mode de production capitaliste, de perpétrer sa domination économique sur les classes exploitées.

2 *La nation*

1 Les deux conceptions de la nation

La conception objective de la nation

La vision objective de la nation, très largement inspirée par les penseurs allemands du XIXe siècle, repose sur un ensemble de caractéristiques communes partagées par une population, telles que la race, la culture, la langue ou la religion.

On évoque l'idée d'une conception objective de la nation dans la mesure où l'appartenance nationale, résultante d'un héritage culturel, transmis de génération en génération, s'impose aux individus en dehors de leur libre choix.

La conception subjective de la nation

■ La vision objective de la nation est défendue par les auteurs français comme l'historien Fustel de Coulanges (1830-1889) ou l'écrivain Ernest Renan (1823-1892). La nation serait le produit d'un consentement entre les individus forgé autour d'un désir de « vivre ensemble ».

■ Comme le souligne Fustel de Coulanges, « La patrie, c'est ce qu'on aime ». Ni la géographie des États dont les frontières sont l'héritage des mariages princiers, des guerres et des accords internationaux, ni la langue ne peuvent fournir prétexte à la définition de la nation. Une langue comme l'anglais est partagée par de très nombreuses populations dans le monde : la Grande-Bretagne et les États-Unis ne forment pas une nation, pas plus que le Portugal et le Brésil où le portugais est la langue nationale. Par ailleurs, Ernest Renan rejette le critère religieux comme ciment de la nation. Plusieurs confessions religieuses peuvent coexister dans un même pays, de surcroît un grand nombre de personnes n'adhèrent plus à un système religieux. Pour Renan, la religion est devenue chose individuelle, elle est affaire de conscience. La nation serait le fruit de la volonté individuelle d'appartenance à une communauté humaine dans ce qu'elle a de distinctif par rapport aux autres communautés.

Critères subjectifs

Une nation est donc une grande solidarité, constituée par le sentiment des sacrifices qu'on a faits et de ceux qu'on est disposé à faire encore. Elle suppose un passé ; elle se résume pourtant dans le présent par un fait tangible : le consentement, le désir clairement exprimé de continuer la vie commune. L'existence d'une nation est (pardonnez-moi cette métaphore) un plébiscite de tous les jours, comme l'existence de l'individu est une affirmation perpétuelle de vie.

Ernest Renan, *Qu'est-ce qu'une nation ?*, 1882.

3 La règle de droit

1 Définition

Les règles de droit sont définies par les pouvoirs publics. Elles concernent la collectivité nationale et sont mises en œuvre par les organes de l'État. Les tribunaux sont compétents pour juger du non respect des règles de droit.

2 La généralité de la règle de droit

■ La règle de droit a un caractère de généralité, c'est-à-dire qu'elle concerne tous les individus. Elle est identique pour tous, impersonnelle et objective. Elle est le produit de la démocratisation des stuctures sociales. Lorsque les constituants de 1789 abolissent les ordres de l'Ancien Régime (le clergé, la noblesse et le tiers-état), ils font table rase des distinctions qui, notamment en matière fiscale, privilégiaient les classes dominantes au dépend de la grande majorité des populations françaises. La généralité de la règle de droit est un des principes fondamentaux de l'égalité politique.

■ Néanmoins, il existe des règles de droit qui régissent des domaines particuliers de la vie économique et sociale (droit du travail, droit fiscal, droit des sociétés). Ainsi, le droit du travail régit les relations entre employeurs (les entreprises) et les salariés.

3 Le caractère obligatoire de la règle de droit

La règle de droit est obligatoire et, en tant que telle, s'impose aux sujets de droit sous peine de sanctions. On distingue des règles impératives qui sont la manifestation du pouvoir de l'État en vue de servir l'intérêt général. Les particuliers ne peuvent les adapter à des fins personnelles. Ainsi en est-il des lois qui défendent les droits de la personne humaine. Parallèlement, on trouve des règles interprétatives qui autorisent une certaine liberté des sujets de droit. Les contrats entre particuliers peuvent faire apparaître certaines clauses qui deviennent obligatoires une fois signées par les parties contractantes.

4 Les différents niveaux de pouvoir

La souveraineté politique, dans les États démocratiques, peut s'exercer à plusieurs niveaux. On peut ainsi distinguer une opposition entre le centre et la périphérie, c'est-à-dire entre le pouvoir central et le pouvoir local. Par ailleurs, il convient de noter l'existence d'autorités supranationales, c'est-à-dire au-dessus des prérogatives traditionnellement attachées à l'État-nation.

1 Pouvoir central

Le pouvoir central est exercé par les autorités politiques dans le cadre des États unitaires et dans les États de type fédéral comme les États-Unis. En France, le pouvoir central est constitué par le Président de la République et le gouvernement (le Premier ministre et les autres ministres). Le pouvoir central siège à Paris et ses décisions impliquent toutes les parties du territoire national. En effet, selon la *Déclaration de la Convention nationale* du 25 septembre 1792 : « La République est une et indivisible ». Les conventionnels, après avoir supprimé la royauté en France, s'opposaient à l'apparition de tendances fédéralistes et souhaitaient conserver la structure centralisée du pouvoir étatique hérité de l'Ancien Régime. La centralisation du pouvoir consiste à « concentrer » entre les mains de l'État l'ensemble des fonctions politiques. Les administrations d'État sont ensuite chargées d'appliquer les directives du pouvoir central.

2 Pouvoir local et décentralisation

Le pouvoir local est exercé par les autorités politiques dans un cadre décentralisé. Dans le cas de la France, les élus des collectivités territoriales (régions, départements, communes) bénéficient de larges compétences, notamment depuis la loi de décentralisation de 1982 (dite loi Defferre, du nom du ministre de l'intérieur et de la décentralisation de l'époque). La décentralisation consiste à réduire l'assujettissement de la périphérie en créant les conditions d'émergence d'une démocratie locale. Ainsi la loi Defferre a permis à la région de devenir une collectivité territoriale à part entière ; l'assemblée de région est élue au suffrage universel direct et il existe un exécutif local.

3 Pouvoir supranational

L'existence d'un pouvoir supranational est lié à un transfert de compétences des États-nations à une instance décisionnelle qui exerce certaines des prérogatives qui auparavant étaient de l'ordre de la responsabilité des seuls États. L'exemple de l'Union européenne permet de préciser la notion de supranationalité. Les traités de l'Union européenne, notamment le traité de Maastricht de 1992, retirent aux autorités nationales leur compétence pour régler certaines questions et les confient aux autorités de l'Union. Avant le traité de Maastricht, la politique monétaire était du ressort du pouvoir central. En effet, selon l'article 20 de la Constitution de la Ve République, « le gouvernement détermine et conduit la politique de la nation ». La politique monétaire, en tant que dispositif de la politique économique nationale, était définie par le ministre de l'économie et des finances, et mise en application par le Gouverneur de la Banque de France. Après la signature du traité de Maastricht, la volonté européenne de créer une monnaie unique a entraîné un transfert de souveraineté du pouvoir central au niveau européen. La Banque de France est devenue indépendante des pouvoirs publics en 1993. En tant que Banque centrale nationale (BCN), elle fait aujourd'hui partie du système européen des banques centrales (SEBC). La politique monétaire est définie dans ce cadre et s'impose à toutes les nations participant au système de la zone euro.

4 Le principe de subsidiarité

Le principe de subsidiarité repose sur l'idée que les objectifs communs des nations seraient mieux servis par une instance supranationale que par les politiques individuelles des États membres. L'initiative collective réussirait alors que les actions individuelles seraient vouées à l'échec. On assiste à un partage des tâches entre les prérogatives politiques des États et les domaines d'intervention des autorités communautaires. Ainsi en est-il dans le cadre de l'Union européenne, notamment en matière de politique monétaire. Avant l'instauration de l'euro, chaque pays devait défendre la parité de sa monnaie sur le marché des changes, c'est-à-dire le marché des devises. Les banques centrales intervenaient en achetant, ou en vendant des devises, pour éviter de trop fortes fluctuations de cours sur les marchés des changes. Dans le cadre du Système européen des banques centrales, la Banque centrale européenne (BCE) est seule à intervenir en vue de défendre l'euro face à la monnaie américaine.

5 *La démocratie*

1 Définition

La démocratie (du grec *demos*, « peuple ») se définie comme un système politique fondé sur le pouvoir du plus grand nombre. La démocratie s'oppose à la monarchie (pouvoir d'un seul) et à l'oligarchie (pouvoir de quelques-uns). Selon la formule du Président américain Thomas Jefferson (1743-1826), la démocratie, c'est le pouvoir du peuple, par le peuple et pour le peuple. Cette formule est reprise dans l'article 2 de la Constitution française du 4 octobre 1958 (Constitution de la Ve République).

2 Les grands principes du système démocratique

- **Le suffrage universel** repose sur la souveraineté populaire. Le peuple élit ses représentants dans la mesure où la démocratie directe semble impossible dans une nation moderne. On parle alors de démocratie représentative.

- **Les libertés publiques** sont liées à l'existence d'un État démocratique. Il s'agit des droits de l'individu reconnus, organisés et protégés par l'État. On peut citer les libertés de la personne physique (sûreté personnelle, liberté d'aller et de venir, inviolabilité du domicile), les libertés de pensée (liberté d'opinion, liberté religieuse, liberté d'association et de réunion), les libertés économiques et sociales (droit de propriété, liberté du commerce et de l'industrie, droit de grève).

■ **La séparation des pouvoirs** est formulée notamment par Montesquieu dans *L'Esprit des lois* (1748) distinguant trois « puissances » : la puissance législative créatrice des lois, la puissance exécutrice, c'est-à-dire le gouvernement, qui assure l'exécution des lois, la puissance judiciaire qui sanctionne la violation des lois. La séparation des pouvoirs permet à chaque organe politique de contrôler les autres. Comme le souligne Montesquieu : « Le pouvoir limite le pouvoir ».

■ **Le contrôle de la constitutionnalité des lois**, c'est-à-dire la conformité des lois par rapport à la constitution qui est au sommet des normes juridiques dans de nombreux États démocratiques. C'est la mission du Conseil constitutionnel en France, de la Cours Suprême aux États-Unis.

3 Les limites du modèle démocratique

■ La démocratie est pour certains auteurs un idéal inaccessible. Le politologue américain Robert Dahl préfère utiliser le concept de **polyarchie** pour désigner les systèmes politiques des nations occidentales. La polyarchie est définie comme le pouvoir du plus grand nombre : les citoyens sont associés à la vie politique, notamment dans la désignation des gouvernants, et les différents entre les groupes sociaux se trouvent réglés de façon pacifique.

■ D'autres auteurs remettent en question l'existence même d'un gouvernement démocratique. Karl Marx considère la démocratie comme une illusion mystificatrice ; elle ne peut exister tant que la société est partagée entre propriétaires et non propriétaires des moyens de production. Il opère une distinction entre **libertés réelles** et **libertés formelles**. La démocratie bourgeoise a instauré un régime de libertés plus formelles que réelles dans la mesure où l'exercice de ces libertés est déterminé par des ressources que seule la classe bourgeoise possède.

■ Certains auteurs, tels l'économiste et sociologue italien Vilfredo Pareto (1848-1923) ou son compatriote Gaetano Mosca (1856-1941), dénoncent, eux aussi, le caractère illusoire de la démocratie. Le pouvoir est toujours confisqué par une élite, ou une classe politique, qui l'utilise à son profit afin de bénéficier des multiples privilèges qui sont attachés à l'exercice des fonctions politiques.

6 *La démocratisation des structures sociales*

■ La démocratisation est une notion empruntée aux travaux du politologue français Alexis Clérel de Tocqueville (1805-1859) et développé dans *De la Démocratie en Amérique* (1835-1840). Le processus de démocratisation désigne le passage d'une société fondée sur un système d'ordre, comme dans la France de l'Ancien Régime, à une société fondée sur l'égalité juridique des individus et sur l'esprit d'égalité. À cet égard, la *Déclaration des droits de l'homme et du citoyen* (1789) institutionnalise la démocratisation de la société française.

■ La démocratisation des structures sociales entraîne inéluctablement l'avènement d'un système politique démocratique. Si les hommes sont tous égaux, un homme, ou quelques hommes, ne peuvent s'arroger le pouvoir politique. La monarchie, ou l'oligarchie, sont condamnées à être remplacées par un gouvernement démocratique fondé sur la souveraineté populaire.

■ Cependant, l'égalité des conditions, fondement de la liberté individuelle, ne fait pas disparaître pour autant les inégalités dans la répartition des ressources matérielles, du pouvoir et du prestige social accolé à certaines fonctions. Cette différence entre égalité des droits et inégalités réelles n'apparaît pas, pour Tocqueville, contradictoire avec l'idée même de démocratie.

PIÈGES ET DIFFICULTÉS

La citoyenneté

1. La citoyenneté comme statut social

Dans La République de Platon, le citoyen est la dénomination des hommes qui appartiennent à la cité, quelque soit leur position, qu'ils soient magistrats, c'est-à-dire détenteur de l'autorité politique, ou hommes du peuple. Cette qualité les oppose aux esclaves, aux femmes et aux enfants qui ne bénéficient pas de la citoyenneté. Jean-Jacques Rousseau reprend la même idée dans le Contrat social. Le citoyen est l'acteur de base de la République.

2. La citoyenneté dans une démocratie directe

Dans un régime de démocratie directe, la citoyenneté désigne le statut juridique des individus dans leur relation à l'autorité politique. La démocratie, pouvoir du peuple, fait de chaque citoyen un gouvernant, c'est la **citoyenneté-participation**. Pour le philosophe grec Aristote, dans une communauté d'égaux, la citoyenneté est moins un droit qu'un pouvoir : celui de participer aux décisions qui entraînent l'avenir de la Cité.

3. La citoyenneté dans une démocratie indirecte

L'augmentation de la population des États démocratiques, la complexité de l'organisation et de la gestion des sociétés modernes empêchent les citoyens de participer directement à l'élaboration et à l'application des décisions politiques. La démocratie devient représentative ou indirecte. Les citoyens exercent leur pouvoir par l'intermédiaire de leurs représentants, élus lors des consultations électorales

(les élections). On passe ainsi d'une citoyenneté active (la citoyenneté-participation d'Aristote) à une citoyenneté passive reposant sur la délégation du pouvoir politique aux professionnels de la politique et de l'État.

7 La représentation politique : les partis politiques

1 Définition

Joseph La Palombara et Myron Weiner, dans *Political parties and political development* (1966) définissent les partis politiques à l'aide de quatre critères.

■ **La durabilité de l'organisation** qui doit survivre à ses fondateurs. Un parti politique suppose une certaine durabilité dans le temps afin de légitimer son rôle de porte-parole des citoyens.

■ **Une organisation** qui relie le niveau local au niveau national. Dans chaque département, dans chaque grande ville, les formations politiques sont représentées et bénéficient d'une permanence de façon à permettre la communication politique entre les partis et les citoyens.

■ **La volonté de conquérir et d'exercer le pouvoir** qui permet de différencier les partis des groupes de pression comme les syndicats dont les objectifs consistent essentiellement à faire pression sur les autorités gouvernementales ou patronales afin de faire aboutir les revendications de leurs adhérents. Les partis politiques ont une finalité différente. Il s'agit, comme le souligne Max Weber, de conquérir les postes clés du pouvoir d'État.

■ **La recherche d'un soutien populaire** auprès des citoyens notamment en période électorale. Ce soutien est nécessaire en vue d'obtenir l'adhésion du corps électoral dans le cadre des systèmes démocratiques issus du suffrage universel.

2 Les fonctions des partis politiques

Les partis politiques remplissent plusieurs fonctions par rapport au système politique et à la société dans son ensemble.

■ **Les partis politiques assurent la formation de l'opinion.**

L'article 4 de la Constitution du 4 octobre 1958 (Constitution de la Ve République) fait référence à cette fonction des partis : « Les partis et groupements politiques concourent à l'expression du suffrage. Ils se forment et exercent leur activité librement. Ils doivent respecter les principes de la souveraineté nationale et de la démocratie ».

Permettre l'expression du suffrage, c'est-à-dire l'exercice de la démocratie, laisse sous-entendre la formation de l'opinion. Ainsi apparaît la fonction programmative des formations politiques. Élaborer et faire connaître un programme économique et social, faire référence à certaines valeurs, prendre position face aux grandes questions internationales, autant de démarches qui viennent éclairer les choix des citoyens lors des consultations électorales.

■ **Les partis politiques assurent une fonction d'intermédiation entre le gouvernemental et son environnement.**

Les formations politiques doivent interpréter les besoins et les aspirations qui émanent du corps social, notamment des groupes de pression. Ces doléances doivent être traitées puis exprimées en termes politiques de façon à recevoir satisfaction sur le plan de la loi. Cette fonction de relais des aspirations populaires est essentielle en démocratie dans la mesure où ce système politique se définit comme le pouvoir du peuple, par le peuple et pour le peuple.

FAIRE LE POINT

Choisissez la (ou les) bonne(s) réponse(s)

1. La vision subjective de la nation repose :
a - sur la langue nationale.
b - sur les frontières géographiques de la nation.
c - sur le vouloir vivre ensemble et le partage d'idéaux communs.

2. Selon Karl Marx, l'État est un instrument politique qui :
a - permet l'exercice de la démocratie politique.
b - permet à une classe sociale d'imposer sa domination sur les autres classes sociales.
c - défend les intérêts des ouvriers dans une société capitaliste.

Construisez une réponse rapide aux questions

3. Qu'est-ce que le contrat social ?

4. Comment Max Weber définit-il l'État ?

5. Qu'est-ce que la citoyenneté ?

6. Quelles sont les limites de la démocratie ?

Répondez vrai ou faux

7. La démocratisation chez Tocqueville repose sur l'égalité économique des individus.

8. Karl Marx considère que la démocratie bourgeoise est une illusion mystificatrice.

9. Le Conseil constitutionnel est chargé, en France, de veiller sur la conformité des lois ordinaires par rapport à la constitution.

10. Max Weber définit l'État par le monopole de la violence physique illégitime sur un territoire déterminé.

CORRIGÉS

1. c. **2.** b. **3.** Voir page 72. **4.** Voir page 73. **5.** Voir page 79. **6.** Voir page 78. **7.** Faux. **8.** Vrai. **9.** Vrai. **10.** Faux.

PARTIE II

La régulation économique et sociale

6 Les mécanismes du marché

AVANT DE COMMENCER

A Assurez-vous de bien maîtriser le vocabulaire suivant

► **Économie marchande :** système économique qui repose essentiellement sur le marché pour assurer la satisfaction des besoins économiques. L'économie marchande ne prend en considération que la seule demande solvable (pouvoir d'achat).

► **Économie non marchande :** système économique qui permet la satisfaction des besoins économiques en dehors des règles du marché. Les biens et services collectifs (éducation, culture, transports publics) relèvent de l'économie non marchande.

B Familiarisez-vous avec les noms suivants

► **John Kenneth Galbraith** (né en 1908), économiste américain qui s'oppose au formalisme de la théorie néo-classique. Il étudie l'évolution du capitalisme de l'après Seconde Guerre mondiale en montrant l'importance du rôle des grandes entreprises. Son ouvrage principal reste *Le Nouvel État industriel* (1967).

► **Adam Smith** (1723-1790), économiste britannique considéré comme le fondateur de l'école classique anglaise. Il prône le libéralisme économique (régulation par le marché, État minimal) et le libre-échange. Un ouvrage essentiel : *Recherche sur la nature et les causes de la richesse des nations* (1776).

► **Léon Walras** (1834-1910), économiste français représentatif de l'école néo-classique. Il est à l'origine de la théorie de l'équilibre général : le système des prix permet l'équilibre sur le marché des biens et services. Il est l'auteur des *Éléments d'économie politique pure* (1874-1877).

I La notion de marché

1 Définition

Le marché (du latin *mercus*, marchandises), est défini comme le lieu de rencontre entre une offre et une demande relatives à un produit déterminé, qu'il s'agisse d'un bien matériel ou d'un service.

2 Les différents marchés

À l'intérieur d'un système économique on trouve différents marchés en fonction de la nature des biens échangés.

■ **Le marché des biens et services de consommation** qui satisfait la consommation finale des ménages. Dans la plupart des cas, les consommateurs s'adressent aux distributeurs (commerce de détail, grands magasins, grandes surfaces).

■ **Le marché des biens et services de production** où les vendeurs et les acheteurs sont des entreprises. On peut distinguer le marché des matières premières ou produits de base (marché du pétrole, du cuivre, de l'or industriel), et le marché des biens d'équipement (machines-outils, matériels informatiques à usage professionnel).

■ **Le marché du travail** permet la confrontation de l'offre de travail (les femmes et les hommes à la recherche d'un emploi) et de la demande de travail (celle des entreprises). Ce marché n'est pas lié à un lieu particulier. Les petites annonces des journaux, les services de l'ANPE ou des cabinets en recrutement sont autant d'espaces de rencontre entre les travailleurs et les entreprises.

■ **Les marchés monétaire et financier** mettent en relation l'offre et la demande de capitaux à court terme (marché monétaire), et de capitaux à long terme (marché financier). Sur ce dernier marché, les transactions portent sur des valeurs mobilières (actions, obligations), ou de titres de créances publics ou privés. L'un des compartiments du marché financier est bien connu des épargnants, puisqu'il s'agit de la Bourse des valeurs.

3 La dimension des marchés

■ **Le marché local** ou **régional** a longtemps été, dans les économies traditionnelles, le seul marché existant en raison de l'insuffisance des moyens de transport. Il constitue encore aujourd'hui une sorte de sous-ensemble de l'économie nationale pour certaines activités, notamment pour le commerce, dit de proximité.

■ **Le marché national** ou **marché domestique** est concentré dans les limites territoriales de l'économie nationale. On peut ainsi parler du marché français, du marché allemand ou du marché américain. Ainsi, afin de développer ses activités, une entreprise française cherchera à s'implanter sur le marché allemand, ou sur le marché américain. La cible visée est constituée par l'ensemble des consommateurs allemands ou américains.

■ **Le marché mondial** est devenu une réalité pour un grand nombre de firmes. Les dépenses en recherche-développement, l'importance des capitaux mis en jeu, la recherche de la réduction des coûts nécessitent une production et une distribution à l'échelle planétaire. Les grandes entreprises de l'automobile, de l'aéronautique ou de l'électroménager produisent des biens et des services destinés aux consommateurs du monde entier.

2 *La régulation de l'activité économique par le marché*

1 La main invisible selon Adam Smith

■ Métaphore utilisée par Adam Smith dans *La Richesse des nations* (1776) pour montrer l'efficacité des mécanismes spontanés du marché concurrentiel dans la satisfaction des besoins individuels.

■ Dans une économie où règne la division du travail, où chacun s'est spécialisé dans un type particulier d'exercice professionnel, il se créé une société commerçante. Chaque producteur pour vendre son produit doit alors rivaliser avec tous les autres de manière à attirer l'attention des consommateurs. Le revenu qu'il tirera de son activité sera fonction de son efficacité dans son domaine d'activité. Ainsi, le revenu du producteur est-il lié à la satisfaction du consommateur. Celui qui chercherait à s'enrichir en s'épargnant la peine de servir le client ou en pratiquant des prix prohibitifs, est condamné à faire faillite et à quitter l'espace économique du marché. Ainsi en servant ses intérêts égoïstes, c'est-à-dire le profit le plus élevé possible, le producteur est, presque malgré lui, incité à pourvoir au besoin de la collectivité comme s'il était poussé par une main invisible. Le marché et la concurrence permettent alors de passer de la recherche de l'intérêt personnel à la satisfaction des attentes de l'ensemble des agents économiques.

■ L'analyse de Smith apparaît fondée sur une perspective ontologique : l'homme est égoïste. Pour empêcher la dislocation du corps social et pour permettre la satisfaction des besoins des individus, les structures économiques doivent correspondre à la nature de l'homme et ne doivent pas être inspirées par une quelconque utopie qui n'aboutirait, selon l'auteur de *La Richesse des nations*, qu'à la pénurie. Cette vision d'un ordre naturel, fondement du libéralisme économique tel qu'il apparut au XVIIIe siècle, conceptualisé par le marché où règne la concurrence entre individus motivés de façon identique, constitue la référence des auteurs classiques et néo-classiques en matière de régulation de l'activité économique.

2 Le marché comme système de régulation

Pour l'économiste américain Paul-Anthony Samuelson, un système économique doit permettre de répondre à trois questions : Que produire ? Comment produire ? Pour qui produire ? L'économie de marché assure alors la régulation de l'activité économique.

Que produire ?

Le marché met en relation le producteur (chef d'entreprise) et le consommateur (client). Par la structure de la demande (quantités et types de produits achetés), le producteur est renseigné sur la nature des besoins des consommateurs.

Comment produire ?

Pour réaliser sa production, l'entrepreneur doit se procurer les facteurs de production qui lui sont nécessaires (ressources naturelles, travail, capital). Le marché est là aussi indispensable dans la mesure où il guide la stratégie du chef d'entreprise qui s'établira en fonction du prix des facteurs sur le marché (marché des matières premières, marché du travail, marché des biens d'équipement). Ainsi, l'entrepreneur tentera de réaliser la meilleure combinaison productive possible dans le but de vendre ses marchandises à un prix qui satisfasse le consommateur.

Pour qui produire ?

L'entrepreneur répond aux diverses attentes des consommateurs en fonction d'une hiérarchie des besoins exprimés à travers la **demande solvable** (demande assortie d'un pouvoir d'achat). Ainsi se trouvent « ajustées » l'offre et la demande.

B Le marché de concurrence pure et parfaite

À la fin du XIXe siècle, l'économiste français Léon Walras (1834-1910) a imaginé un marché idéal caractérisé par une situation optimale du point de vue de la concurrence. Ce marché idéal repose sur le principe d'une « concurrence pure et parfaite » réunissant cinq caractéristiques.

1 L'atomicité de l'offre et de la demande

La première caractéristique de ce marché idéal est liée au grand nombre de vendeurs, du côté de l'offre, et au grand nombre d'acheteurs du point de vue de la demande. On constate une forte atomicité de l'offre et de la demande. La multiplicité des participants sur le marché fait qu'aucun d'entre eux ne peut influer, d'une quelconque façon, sur le niveau global des transactions. Aucun vendeur, aucun consommateur ne peut, par son activité individuelle, modifier la demande et l'offre globale et ainsi imposer ses prix sur le marché. On dit que les entreprises sont des *price takers* et non des *prices makers*.

2 L'homogénéité des produits

Les produits sont tous semblables et on ne peut les différencier les uns des autres, c'est-à-dire qu'une automobile est semblable à toutes les autres automobiles. Les produits sont substituables entre eux. Un consommateur restera indifférent dans son choix entre un véhicule proposé par un premier vendeur et un véhicule présenté par un second vendeur. Il n'existe pas de marques, pas de modèles différents, pas d'options. La concurrence pure et parfaite est une construction théorique. Dans l'économie réelle, chaque firme essaie de singulariser ses produits de ceux de la concurrence, le plus souvent de façon artificielle.

3 La libre entrée dans l'industrie

La troisième caractéristique repose sur la libre entrée dans l'industrie. Il n'existe pas de blocages qui viendraient contrecarrer l'entrée d'un nouvel entrepreneur dans une branche de l'économie réalisant un produit donné. Une nouvelle entreprise peut toujours s'insérer au sein d'un tissu d'entreprises plus anciennes. Le marché d'un produit reste toujours ouvert.

4 La transparence du marché

Les vendeurs, tout comme les acheteurs, possèdent la totalité des informations nécessaires à leurs transactions. Les uns et les autres sont parfaitement au courant des quantités offertes et demandées, de même que les prix auxquels se déroulent les transactions. Léon Walras prend l'exemple de la Bourse des valeurs : chaque investisseur boursier, qu'il soit acheteur ou vendeur de titres, sait à tout moment à quel prix s'effectuent les cotations.

5 La fluidité du marché

La fluidité du marché est relative à la mobilité des facteurs de production, c'est-à-dire le travail et le capital. Il s'agit de la liberté d'entrée et de sortie des facteurs de production par rapport à une activité économique particulière. Ainsi, le détenteur d'un capital financier peut déplacer ses actifs d'un placement à un autre placement, jugé plus avantageux. Si une activité économique connaît des difficultés, les entrepreneurs de la branche considérée peuvent s'établir dans d'autres secteurs de l'activité économique. Les travailleurs sont également considérés comme mobiles, ils peuvent se déplacer d'une activité professionnelle à une autre.

PIÈGES ET DIFFICULTÉS

Le marché de concurrence pure et parfaite n'est qu'un modèle

Les hypothèses sur lesquelles est construit le marché de concurrence pure et parfaite montrent bien qu'il s'agit d'un idéal théorique.

- L'atomicité du marché ne peut exister dans la mesure où la plupart des marchés réels sont dominés par des grandes entreprises souvent de dimension internationale.
- De multiples groupes de pression, de même que l'intervention de l'État, s'opposent à la liberté des acheteurs et des vendeurs en limitant le jeu spontané de la concurrence.
- L'homogénéité des produits disparaît avec le recours à la publicité et l'image des marques auprès des acheteurs.

4 La formation des prix en concurrence pure et parfaite

1 La loi de l'offre et la demande

L'offre d'un bien croît au fur et à mesure que le prix du bien augmente.

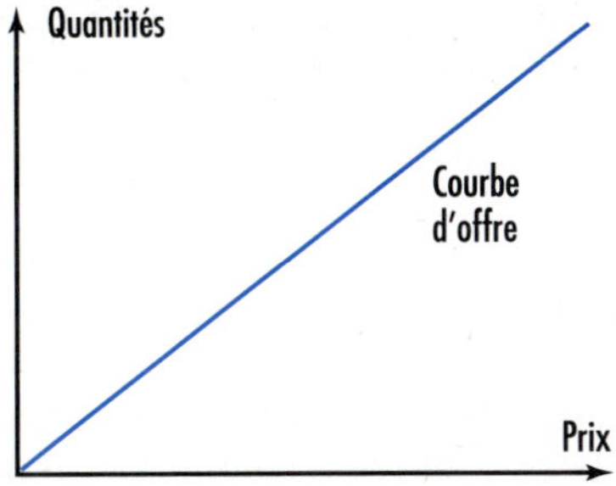

La demande d'un bien diminue au fur et à mesure que le prix du bien augmente.

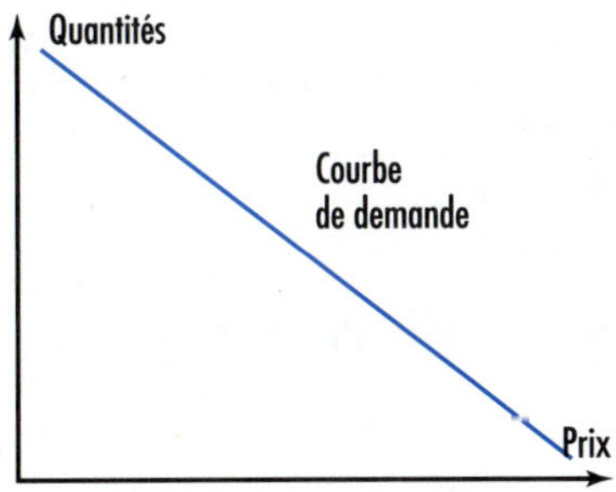

2 L'équilibre de l'offre et la demande

L'équilibre sera atteint lorsque, à un prix donné, les quantités offertes seront égales aux quantités demandées. Le prix qui permet l'ajustement entre l'offre et la demande est dit prix d'équilibre (P_E).

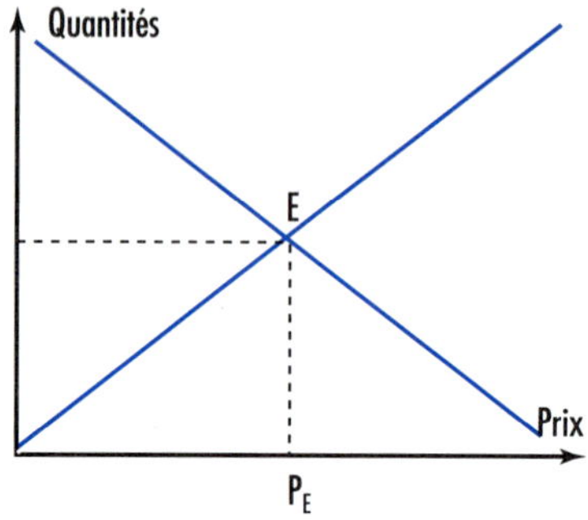

③ Équilibre partiel et équilibre général

L'équilibre partiel est caractéristique d'un marché particulier (biens ou services) comme par exemple le marché de l'automobile ou le marché du travail. L'équilibre général concerne la totalité des marchés. Il s'agit d'une hypothèse théorique dont l'intérêt est de permettre d'analyser les interdépendances entre les différents marchés (marchés des facteurs de production, marché des biens et services).

SAVOIR FAIRE

Calculer une élasticité

■ La notion d'élasticité, établie par l'économiste néoclassique britannique Alfred Marshall (1842-1924) dans ses *Principes d'économie politique* (1890), permet d'introduire une relation entre l'évolution relative de deux grandeurs. Ainsi lorsque le prix d'un produit diminue, la demande relative à ce produit augmente. Lorsque le prix s'accroît, sa demande baisse.

■ **L'élasticité de la demande par rapport aux prix** (ou élasticité-prix) détermine la sensibilité de la demande aux variations du prix d'un produit déterminé. On peut calculer le coefficient d'élasticité de la demande par rapport au prix de la façon suivante :

$$eP = \frac{\text{variation de la quantité demandée (en \%)}}{\text{variation du prix (en \%)}}$$

■ Cependant, la consommation de certains produits échappe à la loi de la demande. Ainsi en est-il des biens de première nécessité (effet Giffen), de certains produits dont la consommation repose sur la dépendance (tabac, alcool), ou des biens de luxe destinés aux catégories sociales les plus favorisées qui souhaitent se différencier du commun des consommateurs par l'achat de biens qui attestent de leurs capacités pécuniaires.

5 La concurrence imparfaite

Lorsque l'une des cinq caractéristiques qui définissent la concurrence pure et parfaite n'est pas réalisée, on considère que la concurrence est imparfaite. Ainsi les marchés réels sont des marchés imparfaits, tels le monopole ou l'oligopole dont les structures s'opposent à l'idée d'atomicité de l'offre de la concurrence pure et parfaite.

1 Le monopole ou marché monopolistique

Il se définit comme un marché caractérisé par la présence d'un seul vendeur face à la multiplicité des consommateurs. Ainsi, en France, la SNCF détient le monopole du transport ferroviaire ou EDF, celui de la distribution d'énergie électrique. L'existence d'un monopole est à l'opposé de la concurrence puisque le monopole est la négation de toutes formes de concurrence. Aussi l'existence d'une firme unique sur un marché est-elle généralement combattue par les pouvoirs publics, comme ce fut le cas aux États-Unis avec l'adoption par le Congrès du *Sherman Antitrust Act* de 1890 et du *Clayton Antitrust Act* de 1914. En France, le préambule de la Constitution de la IVe République prévoit la nationalisation des entreprises de type monopolistique.

2 L'oligopole ou marché oligopolistique

Il se caractérise par la présence de quelques vendeurs face à la multiplicité des consommateurs. Pour l'économiste américain John Kenneth Galbraith, la plupart des marchés relatifs aux biens durables sont des marchés de type oligopolistique. Galbraith souligne dans le *Nouvel État industriel* (1967) que les grandes firmes pratiquent des prix relativement élevés de façon à dégager des marges suffisamment importantes afin de financer leur développement. Elles seraient ainsi à l'origine de l'inflation rencontrée dans les pays industrialisés au cours des années 60.

6 La concurrence monopolistique

■ La concurrence monopolistique désigne une situation paradoxale qui emprunte à la fois au système concurrentiel et aux pratiques monopolistiques. Cette notion est liée aux travaux de l'économiste néoclassique américain Edward Chamberlin (1899-1967) qui publie *La Théorie de la concurrence monopolistique* (1933). Chamberlin associe des théories, jusqu'alors séparées, la théorie de la concurrence (liée au modèle de concurrence pure et parfaite) et la théorie du monopole.

■ L'intuition de Chamberlin consiste à montrer que la concurrence peut continuer à faire sentir ses effets indépendamment du nombre de firmes présentes sur le marché. La concurrence ne sera plus seulement déterminée par le prix des produits, comme dans le modèle de concurrence pure et parfaite, mais aura comme fondement la substituabilité des biens proposés par les entreprises. Ainsi, sur le marché de l'automobile, et pour un produit souvent identique, les consommateurs ont le choix entre quelques grandes firmes, généralement de dimension internationale. Comme les produits sont plus ou moins semblables, toute la stratégie de la firme va s'articuler autour de la différenciation du produit. Chaque vendeur différencie ses produits par des signes distinctifs clairement repérables par les consommateurs tels que la marque, le logo, l'emballage, les garanties ou le service après-vente. La publicité est alors un vecteur essentiel de la démarche des firmes car il convient de cultiver la différence auprès des consommateurs et de provoquer la fidélité, l'attachement aux produits de la marque. Chamberlin, dès les années 1930, souligne l'importance de la publicité qui informe le public des caractéristiques du produit mais aussi sur les images socioculturelles attachées aux produits. Les firmes présentes sur un même marché recherchent à caractériser leur produit comme étant unique aux yeux des consommateurs comme sur un marché monopolistique. La plupart des marchés actuels, relatifs aux biens durables, relèvent de la concurrence monopolistique.

PIÈGES ET DIFFICULTÉS

La filière inversée

■ Traditionnellement, les économistes libéraux présentent le marché comme le **lieu de souveraineté du consommateur**. C'est par la manifestation de ses choix, par ses préférences que le consommateur oriente les stratégies des entrepreneurs en matière de production. Mais avec le développement du capitalisme moderne et le règne de la grande entreprise, le pouvoir semble se déplacer des consommateurs vers les producteurs.

■ À la filière classique succède ce que l'économiste américain John Kenneth **Galbraith** appelle la **filière inversée**. La grande firme ne peut plus, en raison de l'importance des capitaux mis en jeu dans la production, s'en remettre au hasard du marché pour assurer ses ventes et ses profits. Elle cherche à **imposer ses produits aux consommateurs** par le biais de nouvelles techniques (marketing, packaging, recours massif à la publicité).

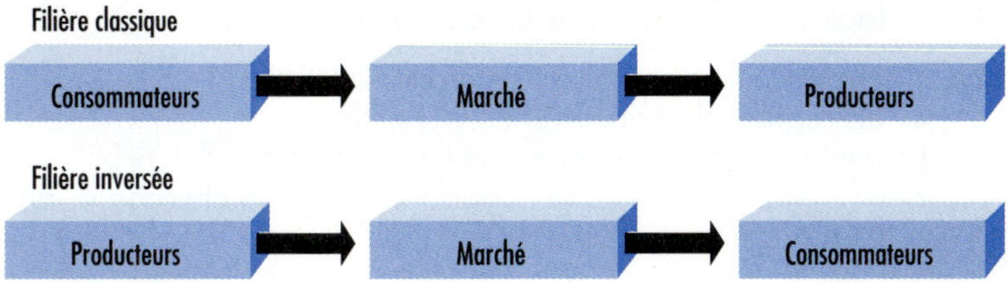

FAIRE LE POINT

Choisissez la (ou les) bonne(s) réponse(s)

1. Un oligopole :
- **a** - est un exemple de marché de concurrence pure et parfaite.
- **b** - se caractérise par la présence d'un seul vendeur face à une multiplicité de consommateurs.
- **c** - se caractérise par la confrontation de quelques vendeurs face à une multiplicité de consommateurs.

2. Qu'appelle-t-on concurrence monopolistique ?
- **a** - un régime de concurrence parfaite.
- **b** - une entente entre entreprises pour fixation des prix.
- **c** - un système dans lequel chaque entreprise cherche à imposer sa marque à un produit.

Construisez une réponse rapide aux questions suivantes

3. Qu'est-ce que la « main invisible » pour Adam Smith ?

4. En quoi la concurrence est-elle nécessaire à une économie de marché ?

5. Quelles sont les caractéristiques du marché de concurrence pure et parfaite ?

6. Qu'appelle-t-on la loi de l'offre et la demande ?

Répondez vrai ou faux

7. La macro-économie a pour seul objet d'étude les relations économiques internationales.

8. L'accès aux biens et aux services collectifs ne dépend pas du pouvoir d'achat de chacun.

9. En France, les prix sont fixés administrativement depuis 1986.

10. La Commission européenne défend les principes de la concurrence partout en Europe.

CORRIGÉS

1. c. **2.** c. **3.** Voir page 87. **4.** Voir page 87. **5.** Voir page 89. **6.** Voir page 91. **7.** Faux. **8.** Vrai. **9.** Faux. **10.** Faux.

7 L'entreprise et ses marchés

AVANT DE COMMENCER

Assurez-vous de bien maîtriser le vocabulaire suivant

► **Branche d'activité :** ensemble d'entreprises (ou de fractions d'entreprises) produisant le même bien ou le même service. Ainsi, une entreprise qui a diversifié sa production en plusieurs activités économiques relève de plusieurs branches.

► **Entreprise artisanale :** entreprise employant au plus 10 salariés. Les entreprises artisanales exercent des activités de production, de réparation ou de prestations de services.

► **Filière :** processus économique de transformation des matières premières en produits finis disponibles auprès des consommateurs. On distingue les activités « en amont » qui fournissent les produits bruts, et les activités « en aval » proches de la distribution du produit.

► **Grande entreprise :** entreprise dont les effectifs sont supérieurs à 500 salariés.

► **Petites et moyennes entreprises (PME) :** entreprise dont les effectifs se situent entre 10 et 499 salariés.

► **Profit :** différence entre les dépenses occasionnées par la réalisation de la production (coûts de production) et les recettes tirées de la vente des biens et des services sur le marché. Le profit constitue le revenu de l'entreprise. Du point de vue de la comptabilité privée, la notion de profit peut être rapprochée du bénéfice net (après le paiement de l'impôt sur les sociétés).

► **Secteur d'activité :** ensemble d'entreprises qui ont la même activité principale.

I L'entreprise et son environnement

1 Les relations de l'entreprise avec son environnement

L'entreprise, en tant qu'acteur essentiel du système économique, entretient des relations permanentes avec son environnement. L'environnement de l'entreprise se définit comme l'ensemble des facteurs économiques, sociaux, culturels qui ont une incidence sur la vie de l'entreprise. Si les modifications de l'environnement affectent les destinées des entreprises, ces dernières peuvent également exercer une influence sur leur environnement.

2 L'environnement de l'entreprise

L'environnement de l'entreprise est constitué de facteurs divers qui s'imposent à la firme et limitent son champ d'action. L'entreprise doit alors s'adapter aux évolutions qui caractérisent son environnement. On peut recenser plusieurs facteurs auxquels l'entreprise doit s'adapter.

- **Les facteurs technologiques**, qui découlent de l'innovation, comme les nouvelles technologies de l'information et de la communication. Ainsi, beaucoup d'entreprises ont été amenées à concevoir un site internet sur le web. Le progrès technique modifie sans cesse les systèmes productifs et les entreprises doivent renouveler leurs équipements.

- **Les facteurs juridiques et réglementaires** qui régissent l'activité des firmes, notamment la gestion des ressources humaines (GRH). Les lois sur les 35 heures ont obligé les entreprises à s'adapter à la réduction du temps de travail (RTT).

- **L'intervention de l'État** à des fins de régulation impose de nouvelles contraintes auprès des entreprises qui doivent s'adapter aux nouvelles donnes de l'économie nationale. On peut citer l'évolution, à la hausse ou à la baisse, des taux d'intérêt décidés par la Banque centrale, l'augmentation du salaire minimum (le SMIC), la croissance ou la diminution de l'impôt sur les sociétés (IS).

- **Le niveau de l'activité économique nationale ou internationale** qui peut se traduire par une augmentation ou une diminution de la demande des consommateurs.

- **Les facteurs sociaux** influent également sur l'entreprise comme le taux de syndicalisation ou les attitudes des salariés face au travail. Si le rapport de force est favorable aux travailleurs, les employeurs peuvent être conduits à augmenter les salaires. Dans le cas contraire, les salaires n'évoluent pas et les emplois atypiques se développent (CDD, intérim, emplois à temps partiel).

Les spécialistes de l'économie d'entreprise évoque également l'environnement spécifique d'une firme, c'est-à-dire ses concurrents, ses fournisseurs et ses clients.

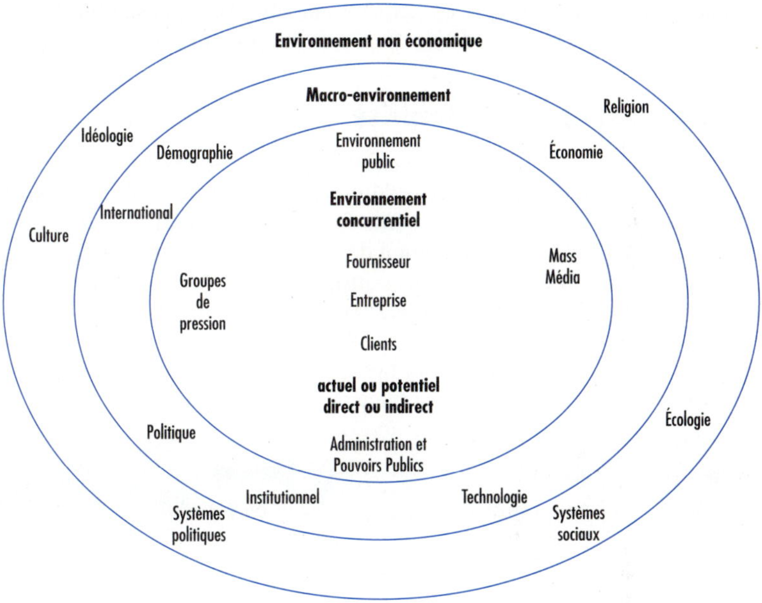

Source : d'après « Les cercles de l'environnement », Réalités industrielles, *avril 1992, Éditions ESKA–Paris.*

2 Finalités, objectifs et stratégies d'entreprise

1 La finalité de l'entreprise

On appelle finalité de l'entreprise les buts ultimes définis par les organes de décision de l'entreprise (propriétaires, conseil d'administration, direction générale). La première des finalités de n'importe quelle entreprise est de continuer à exister au sein d'un univers économique concurrentiel, c'est-à-dire d'éviter la faillite. Parallèlement, les firmes cherchent à se développer sur leurs différents marchés.

❷ Les objectifs de l'entreprise

Les objectifs de l'entreprises sont déterminés en fonction de sa finalité. Ils sont généralement quantifiables. Si la finalité de la plupart des firmes coïncide avec leur développement, on peut dire que les objectifs de l'entreprise seront liés à l'augmentation du chiffre d'affaires (CA), à l'augmentation des parts de marchés de l'entreprise ou à la création de nouvelles capacités de production. Très concrètement, la direction de l'entreprise fixera comme objectif à l'ensemble de ses collaborateurs d'accroître de 15 % le chiffre d'affaires pour une année donnée.

❸ Les stratégies de l'entreprise

Les stratégies de l'entreprises sont constituées d'orientations qui vont être mises en œuvre afin d'atteindre les objectifs définis par la direction en vue d'assurer la finalité de la firme. Si l'on retient comme finalité de l'entreprise son développement et comme objectifs l'augmentation de ses ventes, on peut définir une stratégie de communication à l'endroit des consommateurs. Cette stratégie de communication s'appuiera, par exemple, par une campagne publicitaire avec diffusion de message d'information sur les produits de l'entreprises dans les principaux médias (radio, télévision, presse). On peut dire que cette démarche publicitaire constitue un moyen au service de la stratégie de la firme.

3 La concentration des entreprises

❶ Définition

La concentration, ou **croissance externe**, est un processus fondé sur la réunion de deux ou plusieurs entreprises. Les entreprises associent leurs ressources afin d'accroître leur dimension sur le marché.

❷ Les différentes formes de la concentration

■ **La concentration horizontale** réunit des entreprises qui réalisent le ou les mêmes produits. L'année 1999 aura été marquée par la fusion de deux grandes banques, la Banque nationale de Paris et Paribas. Aujourd'hui BNP-Paribas est la sixième banque mondiale. L'objectif recherché est de réduire les contraintes issues de la concurrence et d'acquérir une position dominante sur le marché mondial.

■ **La concentration verticale**, ou intégration, se caractérise par la réunion d'entreprises dont les activités se situent à des stades différents d'une même filière de production. Une entreprise de transformation cherchera à prendre le contrôle d'une autre entreprise spécialisée dans l'extraction ou le traitement des matières premières. La concentration verticale est liée à la recherche de l'indépendance vis-à-vis des fournisseurs et des clients et la réduction des coûts de production.

■ **La concentration par diversification**, ou concentration conglomérale, réunit des entreprises dont les activités économiques n'ont aucun point commun d'un point de vue technique. L'intérêt stratégique attaché à la formation de conglomérat est triple :

- accroître l'indépendance de la firme en évitant une spécialisation unique face à l'incertitude des marchés ;
- bénéficier d'une rentabilité différentielle dans la mesure où des pertes associées à la réalisation de certains produits peuvent être compensées par des bénéfices dans d'autres activités ;
- s'adjoindre des activités économiques dans les secteurs les plus rentables. Tel est le cas du groupe Bouygues dont le métier d'origine repose sur le bâtiment et les travaux publics, et qui s'est adjoint des activités dans les télécommunications (TF1 et Cegetel).

3 Les avantages de la concentration des entreprises

Le processus de concentration peut être préféré à la **croissance interne** par l'investissement dans la mesure où il permet à la firme d'obtenir certains avantages.

■ Les entreprises bénéficient quasiment immédiatement de l'augmentation liée à la grande dimension alors que l'investissement autonome peut nécessiter des délais dans la mise en place et le fonctionnement effectif de nouveaux équipements.

■ La concentration évite le recours au crédit bancaire et aux frais qui y sont associés (intérêt).

■ Les firmes bénéficient des savoir-faire dont disposent leurs partenaires en raison de leur expérience dans leurs métiers.

■ La concentration des entreprises débouche sur des effets de synergie, c'est-à-dire que le regroupement des activités de deux entreprises permet d'obtenir un résultat supérieur à la somme des résultats que pourrait atteindre les deux entreprises séparément. L'effet de synergie est souvent exprimé sous la forme : 1 + 1 = 3. Ainsi, une alliance entre un établissement bancaire et une société d'assurances leur permet de conjuguer efficacement leurs deux métiers.

④ Processus de concentration et groupes économiques

Le processus de concentration est à l'origine de la constitution de groupes de sociétés. Un groupe est un ensemble d'entreprises dont les principales décisions ou les grandes orientations stratégiques sont, ou peuvent être, coordonnées par un même centre de décision. Un groupe est constitué par une société mère (ou société dominante) qui détient des participations dans d'autres sociétés qui sont ses filiales lorsque la société mère détient plus de 50 % du capital de la société contrôlée. On parle de participation lorsque la société mère possède moins de 50 % du capital de l'entreprise contrôlée. Les participations d'un groupe peuvent être gérées par une société holding dont l'activité est purement financière.

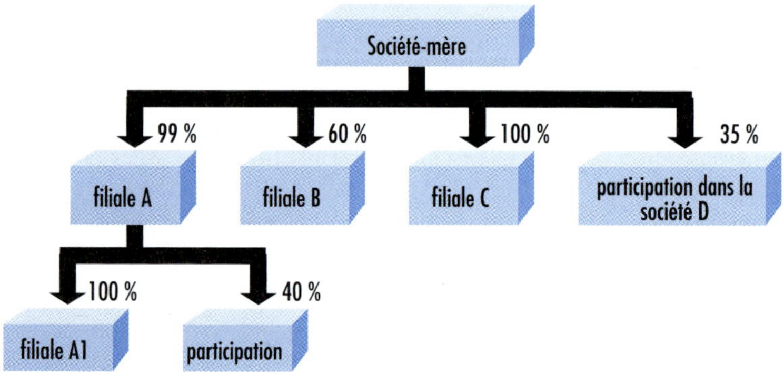

4 Les barrières à l'entrée et à la sortie

① Définition

On appelle « barrières à l'entrée » l'ensemble des obsatcles qui empêchent l'arrivée d'une nouvelle firme sur un marché. Le modèle de concurrence pure et parfaite est fondé sur l'atomicité de l'offre et de la demande (une multiplicité de vendeurs) et la libre entrée dans l'industrie (quiconque voulant produire un bien ou un sevice sur un marché existant peut le faire). Cependant la liberté d'entrer sur un marché est plus théorique que réelle, aussi évoque-t-on l'existence de barrières à l'entrée. Ces limites sont à la fois liées à des facteurs objectifs attenants à la structure des marchés, mais aussi aux stratégies des entreprises déjà installées qui cherchent à se protéger de l'arrivée de nouveaux concurrents. D'autres obstacles, nommés barrières à la sortie, empêchent les entreprises de quitter leur secteur d'activité.

2 Les barrières à l'entrée liées à la structure des marchés

■ L'importance des capitaux à mettre en œuvre est telle qu'il semble bien hasardeux pour une nouvelle firme de pénétrer le marché considéré. On peut prendre l'exemple de l'industrie automobile dont l'activité repose sur des investissements colossaux hors de portée d'une firme nouvelle.

■ La différenciation des produits avantage les firmes déjà présentes sur le marché. La plupart des marché relèvent de la concurrence monopolistique (voir page 94). Ainsi la publicité fidélise les consommateurs à une marque, il devient alors plus difficile — et plus couteux — pour une nouvelle entreprise de bénéficier de l'adhésion des consommateurs.

■ L'importance stratégique de la distribution peut constituer une barrière à l'entrée. Une nouvelle entreprise risque de ressentir des difficultés dans l'écoulement de ses produits auprès des distributeurs (grandes surfaces, petits détaillants, etc.). Ces derniers peuvent se montrer réticents face à une firme qui n'est pas connue des consommateurs.

■ Les entreprises déjà présentes sur un marché peuvent bénéficier d'avantages importants en matière de coûts de production du fait de la maîtrise de leur métier ou des innovations liées à leurs produits.

3 Les barrières à l'entrée établies par les firmes cherchant à empêcher l'arrivée de nouveaux concurrents

■ Les entreprises déjà présentes sur le marché peuvent pratiquer des prix de vente qui empêchent l'arrivée de nouveaux concurrents. Les prix sont fixés à un niveau inférieur à ceux qui permettraient des profits importants à court terme. Ce qui est recherché, c'est l'étalement des profits sur le long terme, l'élimination des concurrents éventuels et le maintien d'un marché oligopolistique.

■ L e développement de capacités de production excédentaires dissuade également l'entrée dans l'industrie. Les firmes présentes se réservent la capacité d'accroître, à tout moment, leur niveau de production et empêchent ainsi l'investissement dans la branche où elles sont en position dominante.

4 Les barrières à la sortie

■ L'insuffisante mobilité des facteurs de production (biens d'équipement, qualifications des salariés) gêne le redéploiement des entreprises qui chercheraient à quitter leur domaine d'activité pour en rejoindre un autre, plus prometteur en termes de rentabilité. On ne peut, sans coûts importants, reconfigurer la structure du capital technique, licencier certains salariés et en engager d'autres.

■ Les interrelations entre la réalisation d'un produit et d'autres produits annexes à l'intérieur d'une même entreprise, les accords passés avec d'autres entreprises freinent l'abandon de certaines fabrications qui peuvent cependant se montrer peu propices d'augmentation des bénéfices à court ou moyen terme.

■ L'environnement politique et social peut constituer une barrière à la sortie pour une entreprise. Les interventions des responsables politiques locaux qui s'efforcent de lutter pour la défense de l'emploi, les organisations syndicales qui défendent leurs adhérents poussent au maintien du statu quo et à la pérennité de la firme dans son activité traditionnelle.

5 Le recours à l'innovation

L'innovation se caractérise comme l'amélioration d'un produit (innovation de produit) ou l'introduction d'un nouveau procédé de production (innovation de procédé).

■ **L'innovation de produit** procure à l'entreprise un avantage par rapport aux entreprises concurrentes. Ainsi, lorsque l'entreprise Michelin, spécialisée dans la production des pneumatiques, présente le pneu à carcasse radiale, elle se différentie de ses concurrents avec comme objectif d'accroître ses parts de marché.

■ **L'innovation de procédé** permet de réduire les coûts de production, donc d'augmenter la marge bénéficiaire ou de réduire les prix de vente auprès des consommateurs. L'exemple le plus connu est l'instauration de la chaîne de montage dans les entreprises automobiles Ford au début du XXe siècle. Les gains obtenus par ce nouveau procédé de production ont permis de réduire les prix de vente des automobiles Ford, notamment la célèbre Ford T.

PIÈGES ET DIFFICULTÉS

La productivité

■ La productivité établit un rapport entre la production et les facteurs qui ont été nécessaires à sa réalisation (travail et capital). Elle mesure l'efficacité des facteurs de production de même que le choix de la combinaison productive.

■ La **productivité physique du travail** mesure le rapport entre le volume de la production (poids, nombre d'unités produites) et l'usage du facteur travail (nombre d'heures travaillées).

$$\text{Productivité physique du travail} = \frac{\text{volume de la production}}{\text{nombre d'ouvriers}}$$

Ainsi lorsqu'une entreprise réalise, en une heure et avec 10 ouvriers, 100 unités de produit, sa productivité horaire du travail est de 10 unités par heure d'ouvrier.

■ La **productivité apparente du travail** permet de comparer la valeur ajoutée et le temps de travail. En effet, la productivité physique du travail est insuffisante pour apprécier les résultats de l'entreprise dans la mesure où celle-ci réalise des produits très différents, qui ne peuvent s'additionner. Aussi fait-on apparaître la valeur ajoutée de l'entreprise au numérateur.

$$\text{Productivité apparente du travail} = \frac{\text{valeur ajoutée de l'entreprise}}{\text{effectifs employés} \times \text{durée du travail}}$$

6 Le calcul économique dans l'entreprise : les coûts de production

Pour produire, l'entreprise utilise différentes ressources (bâtiments, travail humain, machines, matières premières). L'achat de ces ressources constitue les charges de l'entreprise ou coûts de production. On distingue plusieurs coûts de production.

■ **Les coûts fixes** (CF) sont indépendants des quantités à produire.
Exemples : loyers relatifs aux bâtiments, achat des machines, dépenses de recherche-développement.

■ **Les coûts variables** (CV), comme le nom l'indique, augmentent en fonction des quantités à produire.
Exemple : matières premières.

■ **Le coût total** (CT) représente la somme des coûts fixes et des coûts variables pour une production donnée.

$$CT = CF + CV$$

■ **Le coût moyen** (appelé également coût unitaire) est égal au coût total divisé par les quantités produites (Q).

$$CM = \frac{CT}{Q}$$

■ **Le coût marginal** (CM') se définit comme le supplément de coût nécessaire à la production d'une unité supplémentaire de produit (unité dite marginale).

$$CM' = \frac{\text{augmentation du coût total}}{\text{augmentation de la production}} = \frac{\Delta CT}{\Delta Q}$$

PIÈGES ET DIFFICULTÉS

Les économies d'échelle

C'est une diminution du coût unitaire de production consécutif à l'accroissement des quantités produites ou vendues. Ainsi une grande surface obtiendra facilement un rabais auprès de son fournisseur dans la mesure où elle passera une commande beaucoup plus importante que celle d'un petit détaillant.

■ Les **économies d'échelle technologique** sont liées à une meilleure division du travail dans l'entreprise ainsi qu'à l'usage de matériels incluant les ressources du progrès technique (automation, informatique).

■ Les **économies d'échelle de gestion** sont fondées sur le recrutement de personnels qualifiés ainsi que sur une meilleure formation des hommes dans l'entreprise.

FAIRE LE POINT

Choisissez la (ou les) bonne(s) réponse(s)

1. La concentration des entreprises :
a - réunit seulement des entreprises réalisant le même produit.
b - peut générer l'apparition de monopole.
c - peut favoriser l'apparition d'économies d'échelle.

2. La concentration conglomérale :
a - réunit des entreprises fabricant le même produit.
b - associe des entreprises réalisant des produits complémentaires.
c - réunit des entreprises appartenant à des branches différentes de la vie économique.

Construisez une réponse rapide aux questions suivantes

3. Qu'appelle-t-on économie d'échelle ?

4. En quoi l'innovation peut-elle apparaître comme essentielle à l'entreprise ?

5. Qu'est-ce qu'un groupe économique ?

6. En quoi l'environnement social de l'entreprise peut-il constituer une contrainte pour la firme ?

Répondez vrai ou faux

7. La productivité physique du travail mesure le rapport entre le volume de la production et le capital employé.

8. Les coûts variables augmentent en fonction des quantités produites.

9. La concentration conglomérale permet de réduire les risques associés à la monoproduction.

10. L'innovation de procédé est relative à la mise en place d'un nouveau produit sur le marché.

CORRIGÉS

1. b, c. **2.** c. **3.** Voir page 106. **4.** Voir page 104. **5.** Voir page 102. **6.** Voir page 98. **7.** Faux. **8.** Vrai. **9.** Vrai. **10.** Faux.

8 Les limites du marché

AVANT DE COMMENCER

Assurez-vous de bien maîtriser les notions suivantes

► **Effets pervers :** expression très fréquemment utilisée en sciences sociales qui souligne l'existence de conséquences attachées à certaines activités qui peuvent aller à l'encontre des objectifs de leurs auteurs ou du bien-être d'autres catégories d'acteurs économiques. Ainsi, le développement de l'industrie lourde peut avoir pour effets pervers la dégradation de l'environnement, c'est-à-dire la pollution de l'air et de l'eau. L'importance des cotisations sociales payées par les employeurs a comme effets pervers de les décourager d'embaucher.

► ***Homo œconomicus* :** notion-clé développée par les économistes néoclassiques qui considèrent que les agents économiques sont rationnels dans leurs comportements. L'*homo œconomicus* recherche un maximum de satisfaction en minimisant ses dépenses. Ainsi, un consommateur recherchera le meilleur rapport qualité-prix ou un entrepreneur aura pour objectif d'augmenter son profit en réduisant ses charges (salaires).

► **Institutionnalisation du marché :** expression relative à l'encadrement du marché par des règles de fonctionnement généralement définies par les pouvoirs publics. Le marché, livré à lui-même, peut aller à l'encontre des intérêts collectifs. L'État intervient avec pour mission de défendre l'intérêt général.

► **Myopie du marché :** métaphore qui souligne l'insuffisance, ou l'opacité, des informations présentes sur le marché. Cette myopie s'oppose à l'idée de transparence du marché de concurrence pure et parfaite. Elle a pour conséquence la valorisation du court terme dans les stratégies des entreprises et la négligence des objectifs à long terme du système économique.

I Les externalités économiques

1 Définition

On désigne sous le terme d'externalités des phénomènes d'interdépendance entre agents économiques en dehors du marché et du système des prix. Les externalités ont des conséquences en termes de gains ou de pertes pour les agents économiques (ménages, entreprises). L'économiste américain Tibor Scitovski considère que « les économies externes apparaissent quand le profit de l'entreprise dépend, non seulement de son produit et des facteurs qu'elle utilise, mais aussi des quantités produites et utilisées par d'autres entreprises ».

2 Externalités positives et externalités négatives

■ Les externalités (positives), appelées également **économies externes**, sont à l'origine d'un gain pour les agents économiques (ménages et entreprises) sans que ces derniers y aient contribués d'une quelconque façon. Ainsi, le propriétaire d'une résidence secondaire connaîtra une augmentation de la valeur marchande de son bien si la région améliore les voies de communication. Une entreprise de restauration enregistrera une augmentation de sa clientèle, et donc de son chiffre d'affaires, si une entreprise installe ses bureaux à proximité de son enseigne. Dans ces deux cas, l'augmentation du gain monétaire est indépendante de l'activité économique des deux acteurs qui bénéficient ainsi d'économies externes.

■ Les externalités (négatives), ou **déséconomies externes**, se traduisent par une perte de revenu de certains agents économiques. Le propriétaire d'un terrain de camping connaîtra une désaffection de ses équipements si une entreprise particulièrement polluante s'installe à proximité de son site d'hébergement. Dans ce dernier cas, l'entreprise polluante, diminue le bien-être et la rentabilité d'une autre entreprise.

3 Externalités, prix et marchés

L'existence d'externalités remet en cause le marché comme assurant la régulation de l'activité économique et une juste répartition de la valeur en fonction de la seule rencontre entre l'offre et la demande. Les économies et déséconomies externes échappent au système des prix puisque certains agents économiques bénéficient d'un surcroît de recettes et d'autres d'une baisse de leur gain indépendamment de leurs efforts productifs. Pour remédier à cette lacune de l'économie de marché, l'économiste néoclassique Arthur Cecil Pigou souhaitait que l'on puisse « internaliser » les externalités en subventionnant les producteurs d'économies externes et en taxant les producteurs de déséconomies externes.

2 Les biens collectifs

1 Définition

Les biens collectifs désignent des biens et des services qui peuvent être utilisés par plusieurs consommateurs à la fois sans que l'apparition d'un consommateur supplémentaire ne réduise la satisfaction des autres. Dans la plupart des cas, les biens et services collectifs sont produits par l'État et les administrations publiques. Ils sont financés par les prélèvements obligatoires (impôts et cotisations sociales).

2 La nature économique des biens collectifs

■ Les biens collectifs s'opposent aux biens que les agents économiques se procurent à titre privé sur le marché et dont l'usage se traduit, dans un univers économique assujetti à la rareté, par une privation pour les autres. Ainsi la consommation d'un produit alimentaire sera réduite en quantité si vous devez en partager une partie avec une tierce personne. La logique dont relèvent les consommations collectives est d'une toute autre nature. Il existe des biens qui ne peuvent être consommés à titre individuel comme, par exemple, la Défense nationale ou l'existence d'un phare le long d'une côte. La force de dissuasion protège tous les habitants d'un État de façon identique. Un individu supplémentaire ne réduit en rien la protection des autres résidents. Le faisceau lumineux du phare assure la sécurité des manœuvres des bateaux sans distinction particulière. Indispensables à la collectivité, les biens collectifs échappent à l'économie de marché car leur prix ne peut résulter de la confrontation de l'offre et de la demande. Leur production est alors assurée par les pouvoirs publics à partir des prélèvements obligatoires. Les biens et services collectifs sont ainsi des biens « hors marché » et leur production semble justifier l'existence d'une économie publique indépendante des mécanismes associés à la libre concurrence.

■ Les biens collectifs se répartissent en deux catégories : **les biens collectifs purs ou indivisibles** comme la défense nationale ou l'administration générale, et **les biens et services collectifs divisibles**.

■ Les biens collectifs purs ou indivisibles sont des biens dont la jouissance ne peut être fractionnée comme l'atteste l'exemple de la Défense nationale. Les biens et services divisibles peuvent répondre à des demandes plus spécifiques. Le service public d'Éducation nationale relève de cette seconde catégorie. Il est possible de cesser ses études à 16 ans, mais il est également possible de les prolonger plus tardivement jusqu'au troisième cycle universitaire.

3 *L'institutionnalisation du marché*

1 Pas de marché sans réglementation

Les économistes libéraux assimilent l'économie de marché au libre jeu de l'offre et de la demande associé à un **État minimal** : c'est le fameux **laisser-faire**. Cependant l'évolution du capitalisme, l'extension des pouvoirs de la grande entreprise obligent les pouvoirs publics à défendre le marché et la concurrence par des politiques de réglementation.

2 Au niveau national

En France, depuis 1945, les pouvoirs publics ont mis en œuvre deux sortes de politiques pour réglementer la concurrence :

- entre 1945 et 1986, réglementation stricte : encadrement rigide des prix, contrôle administratif des pratiques anticoncurrentielles ;
- depuis 1986, assouplissement de la réglementation : liberté des prix à quelques exceptions près (tabac, livres, médicaments), contrôle des pratiques anticoncurrentielles (refus de vente, vente à perte,…) assuré par une autorité indépendante, le **Conseil de la concurrence** qui a plusieurs fonctions :

– il donne des avis sur les questions relatives à la concurrence à la demande des pouvoirs publics et aux tribunaux répressifs en cas d'infraction à la législation en vigueur ;

– il décide des sanctions applicables dans la répression des pratiques anticoncurrentielles.

3 Au niveau européen

L'Union européenne est fondée dans ses principes mêmes (traité de Rome de 1957) sur le respect de la concurrence. Ainsi la **Commission européenne** veille au respect des lois du marché.

■ Elle peut interdire ou faire modifier certaines opérations de **fusion** ou d'**acquisition d'entreprises** si celles-ci se traduisent par l'apparition de firmes à caractère monopolistique.

■ Elle contrôle les **aides publiques** que certains États accordent à des entreprises. Cette pratique est en effet en contradiction avec la volonté affirmée de réaliser le Grand marché européen fondé sur la liberté d'entreprise.

4 *Le consumérisme*

1 Définition

Le consumérisme, de l'anglais *consumerism*, désigne l'organisation des consommateurs regroupés en associations, le développement de leurs moyens d'information et d'action afin de faire reconnaître leurs droits face aux stratégies des entreprises de production et de distribution.

2 Les origines du consumérisme

Le consumérisme s'est surtout développé aux États-Unis, premier pays à atteindre l'ère de la consommation de masse selon l'expression de l'économiste américain Walt Witman Rostow. En 1936 naît la Consumers Union dont l'activité consiste à procéder à des tests comparatifs et à diffuser les résultats obtenus dans les « Consumers reports ». La publication du rapport de Ralph Nader *Unsafe at any speed* qui met en cause un modèle automobile de la General Motors présentant des garanties insuffisantes de sécurité rend le consumérisme très populaire. La General Motors intente un procès à Ralph Nader qui le gagnera et le modèle automobile est retiré par le constructeur. La défense des consommateurs s'est surtout développée dans les pays anglo-saxons et dans les pays scandinaves. En France, le consumérisme a bénéficié du soutien des pouvoirs publics.

3 Les objectifs du consumérisme

■ Informer les consommateurs sur la qualité et les prix des biens et des services en luttant contre la persuasion clandestine d'origine publicitaire (voir filière inversée page 94).

■ Engager de nombreuses actions pour améliorer la sécurité et la fiabilité des produits.

■ Dénoncer les ententes entre les fabricants.

Les associations de consommateurs exercent également une mission contentieuse auprès de tous ceux qui auraient été victimes d'abus ou de pratiques illégales en matière de consommation. Elles peuvent saisir les tribunaux compétents. Elles peuvent faire pression auprès des pouvoirs publics afin de les inciter à prendre des dispositions réglementaires en vue de combattre les abus des producteurs et des distributeurs. Les mouvements de défense des consommateurs peuvent aussi faire pression directement sur les entreprises afin qu'elles modifient leurs produits ou leurs pratiques. Les modalités de la pression prennent souvent le relais des médias (presse, télévision). Les associations de consommateurs peuvent aussi brandir la menace du boycott des consommateurs concernant le ou les produits incriminés.

FAIRE LE POINT

Choisissez la (ou les) bonne(s) réponse(s)

1. Les externalités économiques :
- **a** - sont des phénomènes toujours positifs.
- **b** - sont des phénomènes toujours négatifs.
- **c** - apparaissent en dehors du système des prix et du marché.

2. Les biens et services collectifs :
- **a** - ne sont pas liés à la logique de l'économie marchande.
- **b** - peuvent réduire les inégalités économiques et sociales.
- **c** - sont généralement financés par l'État ou une administration publique.

Construisez une réponse rapide aux questions suivantes

3. Qu'est-ce que le consumérisme ?

4. En quoi le consumérisme est-il nécessaire à un pays démocratique ?

5. Qu'appelle-t-on institutionnalisation du marché ?

6. Quelles sont les raisons qui poussent l'État à défendre la concurrence ?

Répondez vrai ou faux

7. L'existence des déséconomies externes infirme le principe de la main invisible d'Adam Smith.

8. L'accès aux biens et services collectifs ne dépend pas du pouvoir d'achat de chacun.

9. En France, les prix sont fixés administrativement depuis 1986.

10. La Commission européenne défend les principes de la concurrence au sein de l'Union.

CORRIGÉS

1. c. **2.** a., b., c. **3.** Voir page 113. **4.** Voir page 113. **5.** Voir page 109.
6. Voir page 112. **7.** Vrai. **8.** Vrai. **9.** Faux. **10.** Vrai.

9 L'action régulatrice des pouvoirs publics

AVANT DE COMMENCER

Après la Seconde Guerre mondiale, les régimes économiques des pays occidentaux sont devenus des économies mixtes. L'économie de marché s'est combinée avec l'intervention systématique de l'État.

A Les trois fonctions de l'État

Selon l'économiste américain Richard Musgrave, l'intervention de l'État peut se diviser en trois fonctions.

- **La fonction d'affectation** des ressources budgétaires en vue notamment de produire les biens collectifs.
- **La fonction de redistribution** qui permet de lutter contre les inégalités et ainsi de favoriser le consensus social.
- **La fonction de régulation** de la conjoncture économique. Il s'agit de permettre la croissance, le plein emploi, la stabilité des prix et l'équilibre du commerce extérieur.

B Ne confondez pas

► **Macro-économie :** partie de la science économique qui a pour objet l'étude du système économique dans son ensemble à travers les grandeurs comptables comme le produit intérieur brut, le revenu national ou la formation brute de capital fixe. Les relations entre les fonctions économiques (production, consommation) et entre les États relèvent de l'analyse macro-économique.

► **Micro-économie :** partie de la science économique qui a pour objet l'étude des comportements individuels des agents économiques (le ménage, l'entreprise). La stratégie de prix d'une firme, le niveau d'épargne et de consommation d'un ménage relèvent de l'analyse micro-économique.

I État-gendarme, État minimal

1 La doctrine économique libérale

« Laisser-faire les hommes, laisser-passer les marchandises ».

■ Cette formule célèbre revient à Vincent de Gournay, économiste français du XVIIIe siècle. À cette époque, l'idée d'un ordre naturel est défendue par tous ceux qui souhaitent combattre l'absence de libertés économiques. L'État doit se borner à protéger les libertés individuelles et garantir les libertés économiques.

■ Le libéralisme économique est avant tout une doctrine et la période de l'État-gendarme apparaît particulièrement limitée dans le temps : quelques décennies au XIXe siècle. Quelle que soit l'époque, la règle générale a toujours été en France, l'interventionnisme. En effet, les autorités politiques se sont toujours intéressées à la production des richesses dans la mesure où elles constituaient l'instrument de la puissance (armée) et le support de privilèges (impôts, rente foncière).

2 Les trois fonctions de l'État, selon Adam Smith

Dans *La Richesse des nations* (1776), Adam Smith délimite trois missions de l'État libéral par rapport à la société civile :

- défendre la société de toute invasion extérieure par l'entretien de forces armées ;
- protéger chaque membre de la société par l'administration de la justice ;
- produire les biens et les services indispensables à la société et à son économie mais qui ne peuvent être réalisés par le secteur privé dans la mesure où les perspectives de profit sont insuffisantes.

■ Les deux premières fonctions de l'État libéral justifient la dénomination d'État-gendarme. Par ailleurs, l'exercice du pouvoir étatique rend nécessaire le recours à l'impôt et la définition du budget de l'État. La troisième fonction de l'État libéral démontre les lacunes du marché. Certains biens ne peuvent être produits par le secteur privé parce que les profits attendus seraient insuffisants. Ainsi se trouvent justifiées la production des biens collectifs par l'État, voire la constitution d'un secteur public (entreprise nationale).

Les fonctions de l'État libéral

Dans le système de la liberté naturelle, le souverain n'a que trois de devoirs à remplir ; trois devoirs, à la vérité, d'une haute importance, mais clairs, simples et à la portée d'une intelligence ordinaire. — Le premier, c'est le devoir de défendre la société de tout acte de violence ou d'invasion de la part des autres sociétés indépendantes. — Le second, c'est le devoir de protéger, autant qu'il est possible, chaque membre de la société contre l'injustice ou l'oppression de tout autre membre, ou bien le devoir d'établir une administration exacte de la justice. — Et le troisième, c'est le devoir d'ériger et d'entretenir certains ouvrages publics et certaines institutions que l'intérêt privé d'un particulier ou de quelques particuliers ne pourrait jamais les porter à ériger ou à entretenir, parce que jamais le profit n'en rembourserait la dépense à un particulier ou à quelques particuliers, quoiqu'à l'égard d'une grande société ce profit fasse beaucoup plus que rembourser les dépenses.

Ces différents devoirs du souverain supposent nécessairement, pour les remplir convenablement, une certaine dépense ; et cette dépense aussi exige nécessairement un certain revenu pour la soutenir.

Adam Smith, *La Richesse des nations.*

2 *La croissance du rôle de l'État*

1 La loi de Wagner

Adolf Wagner, économiste allemand de la fin du XIXe siècle, est à l'origine d'une loi tendant à montrer que les dépenses publiques augmentent plus rapidement que le revenu national. La croissance et le développement économique supposent une intervention croissante des pouvoirs publics.

■ L'industrialisation et l'urbanisation nécessitent une augmentation des réglementations et un développement de l'administration.

■ La croissance du niveau de vie accélère la demande d'éducation par ailleurs nécessaire à la formation des travailleurs.

■ Le développement industriel repose en partie sur des investissements publics en matière d'infrastructures de communication (routes, voies ferrées, ports).

La croissance du rôle de l'État

La *fin* de l'État dite de *civilisation* et de *bien-être* consiste à aider les nationaux à atteindre leurs fins, à favoriser leurs intérêts physiques, économiques, moraux, intellectuels, religieux, notamment dans la mesure où interviennent des besoins collectifs, locaux, temporels, parfois sociaux. [...]

Ici on peut ranger en deux catégories les services de l'État :

1. Ils favorisent indirectement les dits intérêts en écartant ou en aidant à écarter les *obstacles* qui dépassent les forces d'autres économies en jeu. Par exemple : conduites d'eau, construction de routes pour rendre une contrée habitable, institutions sanitaires.
2. Les services de l'État consistent, en outre, dans la création d'institutions et d'installations qui peuvent sous certaines conditions être *immédiatement* utilisées par les nationaux pour la satisfaction de leurs besoins.

Adolf Wagner, *Fondements de l'Économie politique*,
M. Giard et E. Brière Libraires Éditeurs, 1912.

2 La pensée keynésienne

Confronté à la vision de la crise de 1929 et surtout du chômage, **John Maynard Keynes**, économiste britannique (1883-1946) réfute la théorie libérale du chômage. Il peut exister, selon lui, un équilibre durable de sous-emploi. L'État ne doit pas rester neutre et doit intervenir pour relancer la machine économique en période de chômage. L'objectif consiste à agir sur la demande pour permettre le plein emploi des ressources productives. L'apport théorique de Keynes sera repris par de nombreux économistes après la Seconde Guerre mondiale et dans la plupart des pays industrialisés, on pratiquera des politiques d'inspiration keynésienne.

La leçon du professeur Keynes

Finalement, la leçon la plus importante et la plus radicale donnée par la *Théorie générale* a été celle-ci : pour atteindre le plein emploi, il faut que le gouvernement soit disposé à intervenir dans le libre jeu de l'économie. Au cours des années 1930 une telle idée a paru très alarmante, aux yeux de beaucoup de gens à qui elle a pu faire penser à la Russie stalinienne ou à l'Allemagne hitlérienne. Il y a d'ailleurs quelque chose de paradoxal dans cette réaction : Keynes lui-même était un partisan convaincu de la société capitaliste et non pas du socialisme ; et on a pu soutenir que la seule chose qui a sauvé les pays occidentaux des dictatures de type communiste ou fasciste, a été la *Théorie générale*. Quoi qu'il en soit, la théorie de Keynes exige une modification révolutionnaire des relations existant entre le gouvernement et l'économie.

Michael Stewart, *Keynes*, Éditions du Seuil, 1969.

3 L'instauration de l'État-providence (*Welfare State*)

William Beveridge, député libéral britannique, a publié en 1942 un rapport *Social Insurance and Allied Services* qui a servi de base à la construction des systèmes de protection sociale des pays industrialisés après la Seconde Guerre mondiale. Il apparaît comme l'inspirateur de l'État-providence, assignant aux pouvoirs publics une **mission de protection des individus** face aux risques sociaux (maladie, vieillesse, chômage) en garantissant une sécurité de revenu.

Les différents niveaux de l'action publique

Types d'intervention	Niveaux			
	Local-régional	**National**	**Européen**	**Mondial**
– Politique monétaire et budgétaire	Financements de proximité – Épargne solidaire	– Politique budgétaire dans un cadre coordonné	– Politique monétaire commune (monnaie unique) – Coordination des politiques budgétaires – Harmonisation fiscale (revenus du capital)	– Réglementation des marchés financiers – Lutte contre les paradis fiscaux – Coordination des politiques économiques au sein du G7, financement public à long terme du développement
– Relations sociales, protection sociale et politique de l'emploi	– Animation de bassins d'emploi – Création d'emplois publics locaux	– Protection sociale – Régulation du contrat de travail (horaires, cadre juridique, sécurité)	– Accords collectifs favorisant une régulation salariale au niveau européen, émergence d'un droit du travail européen – Agenda social engageant une comparaison des « meilleures pratiques »	– Définition des droits fondamentaux des salariés – Débat autour d'une clause sociale dans le commerce international
– Politiques structurelles	– Développement local – Infrastructures locales de réseau	– Définition des priorités budgétaires (éducation, recherche, infrastructures, services publics) – Politique d'aménagement du territoire (contrats de Plan)	– Normes, recherches, infrastructures communautaires, politique commerciale et politique de la concurrence (service public européen) – Fonds structurels	– Interaction avec les négociations commerciales multilatérales (ouverture des marchés publics, par exemple)
– Politique sanitaire et de l'environnement	– Gestion de l'eau, collecte des déchets, etc.	– Normes sanitaires, de traitement des déchets… – Politique d'économies d'énergie, etc.	– Normes sanitaires européennes et de protection de l'environnement – Gestion des engagements internationaux de l'Europe (Kyoto) – Gestion des conflits de normes nationales	– Normes, gestion des ressources collectives (contrôle des émissions de CFC, CO^2, gestion de l'eau, des forêts), clause écologique – Gestion des conflits avec les normes commerciales

N.B. Ce tableau ne se veut ni exhaustif ni normatif. Il a seulement pour but de montrer qu'une même politique est toujours déclinée à de multiples niveaux, qui interagissent.

Source : Alternatives Économiques, Hors série n° 48, 2ᵉ trimestre 2001.

3 Le budget de l'État : les prélèvements obligatoires

1 Définition

L'Organisation de coopération et de développement économique (OCDE) définit les prélèvements obligatoires comme l'ensemble des versements obligatoires effectués sans contrepartie par les agents économiques aux administrations publiques.

- Les prélèvements sont qualifiés d'obligatoires dans la mesure où ils s'imposent aux agents économiques. Ce sont les pouvoirs publics qui définissent la hauteur des prélèvements et qui établissent les modes de recouvrement de l'impôt. Les contribuables doivent alors s'acquitter de leur dette fiscale.
- L'absence de contrepartie repose sur l'idée qu'il n'existe pas de correspondance entre la dette fiscale d'un contribuable et sa consommation de services publics. Les biens et services publics, financés par les impôts, comme la défense nationale ou l'entretien du réseau routier, ne sont pas individualisables.
- Les prélèvements sont destinés au financement des administrations publiques. On distingue les administrations centrales (l'État), les administrations publiques locales (régions, départements, communes) et les administrations de sécurité sociale.

2 Le taux de prélèvements obligatoires

Afin de mesurer le poids de la fiscalité et de la parafiscalité (cotisations sociales) par rapport à la richesse nationale, on calcule le taux de prélèvements obligatoires. Celui-ci est obtenu en rapportant l'ensemble des prélèvements, c'est-à-dire le total des impositions et des cotisations sociales, au produit intérieur brut (PIB).

Les prélèvements obligatoires en France (en pourcentage du PIB)

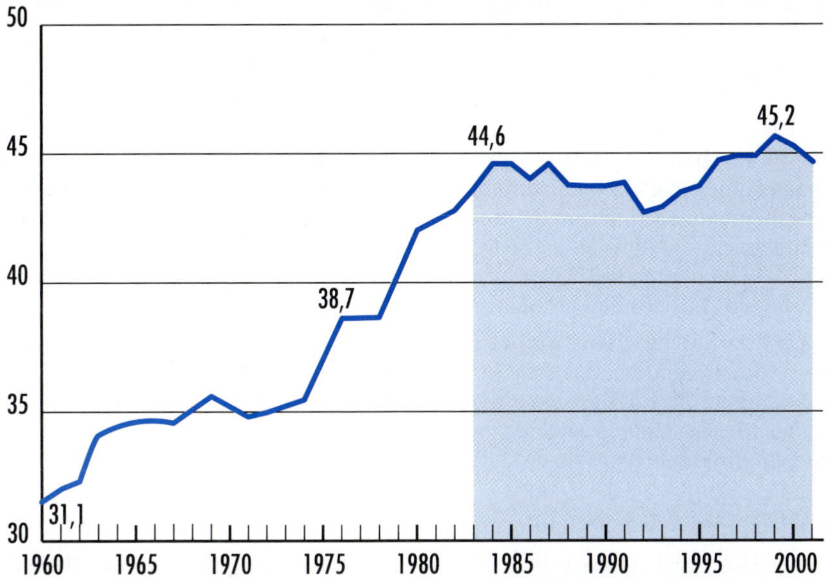

1982 : 42,8	1986 : 44	1990 : 43,7	1994 : 43,4	1998 : 44,9
1983 : 43,6	1987 : 44,5	1991 : 43,9	1995 : 43,7	1999 : 45,7
1984 : 44,6	1988 : 43,8	1992 : 42,7	1996 : 44,8	2000 : 45,2 (est.)
1985 : 44,5	1989 : 43,7	1993 : 42,9	1997 : 44,9	2001 : 44,7 (est.)

Source : Ministère de l'Économie, des Finances et de l'Industrie.

3 Les prélèvements fiscaux français

■ **L'impôt sur le revenu** (IR) a été créé par la loi du 15 juillet 1914, sous l'impulsion du ministre radical Joseph Caillaux (1863-1944). Il s'agit d'un impôt qui frappe l'ensemble des revenus perçus par un foyer fiscal, qu'il s'agisse de salaires, de pensions de retraite ou de revenus tirés de placements financiers. L'impôt sur le revenu est un impôt progressif, c'est-à-dire que le taux de l'impôt évolue en fonction du revenu imposable. Cet aménagement fiscal s'oppose à l'impôt proportionnel qui supposerait que chaque contribuable soit imposé à la hauteur d'un taux fixe quelque soit son niveau de revenu. De nombreux abattements réduisent le revenu imposable des contribuables pendant qu'un système de quotient familial prend en compte les charges de famille.

■ **L'impôt sur les sociétés** (IS) découle de l'impôt sur les personnes morales créé en 1948. C'est un impôt qui frappe les bénéfices des sociétés de capitaux (sociétés anonymes et sociétés en commandites). L'impôt sur les sociétés est calculé sur le chiffre d'affaires. Il est égal à 33,33 % du bénéfice.

■ **L'impôt de solidarité sur la fortune** (ISF) à été créé par le gouvernement de Michel Rocard en 1988. Il remplace l'impôt sur les grandes fortunes (IGF), créé en 1982, et supprimé par le gouvernement de Jacques Chirac en 1987. L'ISF frappe les ménages dont le patrimoine est supérieur à un certain seuil défini chaque année par l'administration fiscale. Il s'agit d'un prélèvement progressif qui augmente en fonction de la valeur du patrimoine considéré. Les taux sont relativement modérés allant de 0,5 % à 1,5 % de la valeur du patrimoine considéré. De nombreux biens patrimoniaux sont exonérés, tels les objets d'antiquité, d'art et de collection ou les biens à usage professionnel.

■ **La taxe sur la valeur ajoutée** (TVA), créée en 1954, représente à peu près 45 % des ressources fiscales de l'État. C'est un impôt indirect qui frappe la consommation. La TVA est collectée par les entreprises, qui la facturent aux clients, pour ensuite la reverser au Trésor Public. Il existe trois taux de TVA qui grèvent différents types de produits :

- le taux normal est de 19,60 % ;
- le taux réduit de 5,5 % (alimentation, théâtres et concerts, livres) ;
- le taux « super-réduit » de 2,10 % (les médicaments remboursés, la presse et les produits culturels).

■ **La taxe intérieure sur les produits pétroliers** (TIPP) frappe les consommations d'hydrocarbure, notamment les carburants automobiles.

■ **La contribution sociale généralisée** (CSG), créée en 1991, est un impôt qui frappe les revenus du travail, certains transferts sociaux et les revenus de l'épargne et du patrimoine. Le produit de cet impôt participe au financement de la Sécurité sociale et son rendement est supérieur à celui de l'impôt sur le revenu.

Répartition des recettes fiscales de l'État (en %)
(base LFI 2001 : 1 996 170 MF)

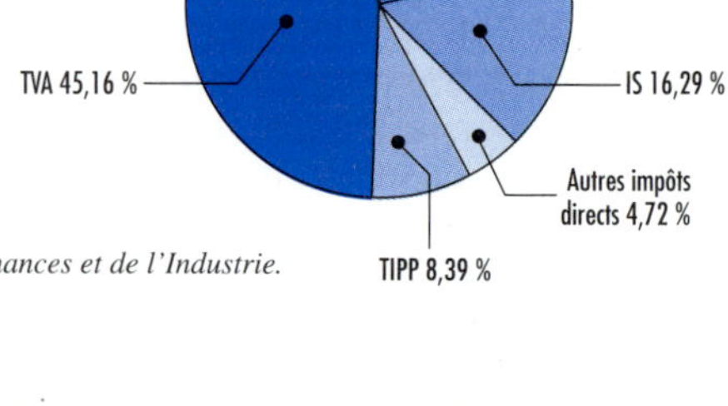

Source : Ministère de l'Économie, des Finances et de l'Industrie.

PIÈGES ET DIFFICULTÉS

Impôt direct et impôt indirect

■ **Impôt direct :** impôt directement versé par le contribuable au Trésor public (impôt sur le revenu, impôt sur les sociétés).

■ **Impôt indirect :** impôt dont le montant est versé au Trésor public par un tiers qui sert d'intermédiaire entre le Trésor et le contribuable. Ainsi, le montant de la TVA dont s'acquittent les consommateurs lorsqu'ils achètent des biens ou des services, est versé à l'administration fiscale par les entreprises.

4 Le budget de l'État : les dépenses publiques

1 Qu'est-ce que le budget de l'État ?

Le budget (ou loi de finances) est constitué par l'ensemble des recettes et des dépenses de l'État durant une année civile. Le solde budgétaire mesure l'équilibre ou le déséquilibre (déficit public) des finances publiques.

2 Les dépenses de l'État

Les dépenses de l'État sont réparties entre les différents ministères qui détiennent chacun en début d'année un certain montant de crédits à dépenser au cours de l'année.

Dépenses par ministères (en millions de francs)

Section ministérielle	LFI 2000	PLF 2001 à structure constante	PLF 2001/ LFI 2000
Affaires étrangères	21 079	21 957	4,2 %
Agriculture et pêche	29 452	29 617	0,6 %
Aménagement du territoire – Environnement			
I. Aménagement du territoire	1 943	1 749	–10,0 %
II. Environnement	4 335	4 692	8,2 %
Anciens combattants	24 088	23 771	–1,3 %
Charges communes	330 358	335 798	1,6 %
Culture et communication	16 254	16 672	2,6 %

Section ministérielle	LFI 2000	PLF 2001 à structure constante	PLF 2001/ LFI 2000
Économie, finances et industrie	92 072	90 821	– 1,4 %
Éducation nationale	377 823	388 092	2,7 %
Emploi et solidarité	214 601	215 738	0,5 %
Équipements, transports et logement	138 494	138 420	0 %
Intérieur et décentralisation	56 774	59 280	4,4 %
Collectivités locales	31 666	31 970	1,0 %
Rappel concours de l'État aux collectivités locales*	293 510	318 243	8,4 %
Jeunesse et sports	3 279	3 401	3,7 %
Justice	28 178	29 033	3,0 %
Outre-mer	6 378	6 815	6,9 %
Budget civil de recherche et de développement	54 647	55 865	2,2 %
dont budget de la recherche et technologie	39 861	40 268	1,0 %
Services du Premier ministre *(hors audiovisuel public)*	4 486	4 835	7,8 %
Audiovisuel public	900	2 164	140,5 %
Total des budgets civils	**1 422 023**	**1 445 093**	**1,6 %**
Défense	242 833	244 735	0,8 %
Dépense budget général	**1 664 856**	**1 689 828**	**1,5 %**
Solde des comptes spéciaux du Trésor	– 2 998	– 9 166	n.s.
Charges budgétaires	**1 661 857**	**1 680 662**	**1,1 %**

*hors réforme taxe d'habitation et suppression de la vignette automobile

5 Les politiques de redistribution

1 Les objectifs

- Réduire les inégalités issues de la répartition primaire des revenus.
- Réduire les risques de pertes de revenu associées à certaines situations : maladie, vieillesse, chômage.
- Favoriser le consensus social en créant les conditions d'émergence d'une démocratie économique.

2 Les instruments

■ La **politique budgétaire** (les recettes fiscales et les dépenses publiques) est aussi un instrument de la redistribution :

• action par **l'impôt sur le revenu** (hausse ou baisse, action sur le quotient familial (voir page 123) ;

• action par **l'impôt de solidarité sur la fortune** : cet impôt sert à financer une partie des allocations relevant du RMI (voir page 124).

■ **La protection sociale**

• Le système français de sécurité sociale, créé en 1945, organise une redistribution des ressources destinée à garantir la sécurité économique de la population. Il est fondé sur le principe de l'étalement des risques individuels à la totalité des membres du groupe et relève de la **solidarité horizontale** : des biens portants vers les malades, des actifs vers les retraités, des personnes ayant un emploi vers les chômeurs.

• Les **ressources** sont composées des cotisations sociales versées par les salariés et les employeurs. Les **dépenses** sont composées des prestations versées au titre de l'assurance maladie, de l'assurance chômage, de la retraite, des prestations familiales, des allocations familiales.

• Deux logiques très différentes peuvent régir le versement des prestations : **l'assurance** (les prestations sont proportionnelles aux cotisations versées, comme dans le cas du chômage ou de la retraite) et **l'assistance** (les prestations ne sont versées qu'en fonction de la situation de l'individu, comme pour les allocations familiales, le RMI,…).

PIÈGES ET DIFFICULTÉS

Le revenu minimum d'insertion

■ Le RMI est une **allocation différentielle** permettant d'atteindre un revenu considéré comme minimal. Il relève de la logique de l'assistance. En effet, quels que soient la durée et le montant des cotisations sociales versées par un individu (même s'il n'a jamais travaillé, par exemple), il peut percevoir le RMI, à condition que l'ensemble de ses revenus soit inférieur au seuil fixé.

■ Le seuil minimal augmente lorsqu'il s'agit d'un couple et lorsque le ménage comporte des enfants.

■ Les allocataires du RMI bénéficient de la prortection sociale (sécurité sociale) et de l'allocation logement.

■ Le versement du RMI est assorti d'un **contrat d'insertion** en vue de permettre le retour à l'emploi.

6 La notion de service public

1 Définition

La notion de service public désigne la prise en charge par l'État de la production de biens et de services collectifs qui, en dehors de l'économie marchande et donc du système des prix, ont pour finalité de satisfaire l'intérêt général. L'éducation nationale, les transports ferroviaires, les hôpitaux appartiennent au secteur public.

2 Les origines du service public

■ L'existence du service public est justifiée par les insuffisances du marché et de l'économie dite privée. Adam Smith montre dans *La Richesses des nations* (1776) que l'État, en dehors de ses missions régaliennes (défense et justice intérieure), doit prendre en charge la production de biens qui, tout en étant indispensable à la collectivité, ne peuvent être réalisés par le secteur privé dans la mesure où la rentabilité serait insuffisante.

■ Le secteur public repose également sur le besoin de mettre à la disposition de la nation les infrastructures de communication (réseau routier, port, aéroport), de distribution d'énergie indispensables à l'activité économique, notamment celle du secteur privée. À cet égard, le secteur public est à l'origine d'externalités vis-à-vis des entreprises privées. Ainsi, les entreprises bénéficient, lors du recrutement de leur personnel, de salariés déjà formés par le service public d'Éducation nationale. Le secteur public est ainsi un des facteurs de la croissance économique comme le soulignent les théories de la croissance endogène qui mettent en avant le rôle de l'État dans le processus d'augmentation du produit national.

■ Parallèlement, le secteur public est l'un des éléments essentiels de la volonté politique d'établir, surtout après la Seconde Guerre mondiale, une démocratie économique allant de pair avec l'État-providence. Contrairement au marché, le secteur public offre ses services soit gratuitement (Éducation nationale), soit avec une tarification égale, ou inférieure, aux coûts de production (musées, transports en commun). À ce titre, le secteur public est partie prenante dans le processus de réduction des inégalités économiques et sociales.

■ Cependant, la législation de l'Union européenne ne prend en compte que le marché comme instrument de régulation de l'activité économique. Les entreprises publiques auxquelles le législateur a demandé qu'elles remplissent les missions du service public, doivent progressivement perdrent leur prérogatives monopolistiques et accepter la concurrence avec le secteur privé et les autres entreprises européennes. C'est ainsi que des entreprises nationales comme France Télécom ou Air France ont été privatisées.

FAIRE LE POINT

Choisissez la (ou les) bonne(s) réponse(s)

1. La doctrine économique libérale :
- **a** - s'en remet au marché pour la régulation de l'activité économique.
- **b** - rend nécessaire la formation des prix par les pouvoirs publics.
- **c** - prévoit l'intervention de l'État pour la création d'infrastructures indispensables au système économique.

2. Les prélèvements obligatoires :
- **a** - permettent le financement des administrations publiques.
- **b** - comprennent les impôts et les cotisations sociales.
- **c** - sont indépendants du budget de l'État.

Construisez une réponse rapide aux questions suivantes

3. Quelles sont, selon Adam Smith, les trois fonctions de l'État libéral ?

4. Pourquoi, selon Adolf Wagner, les dépenses publiques s'accroissent-elles avec le développement de l'industrie?

5. Quelles sont les missions du service public ?

6. Qu'est-ce que la protection sociale ?

Répondez vrai ou faux

7. Le budget de l'État réunit les recettes fiscales et les dépenses publiques.

8. L'impôt sur le revenu est un impôt direct

9. L'impôt sur les sociétés est un impôt indirect.

10. La TVA est un impôt progressif.

CORRIGÉS

1. a., c. 2. a., b. 3. Voir page 118. **4.** Voir page 119. **5.** Voir page 128. **6.** Voir page 127. **7.** Vrai. **8.** Vrai. **9.** Faux. **10.** Faux.

10 Le contrôle social

AVANT DE COMMENCER

Assurez-vous de bien maîtriser le vocabulaire suivant

► **Conflits de rôle :** dans les rapports avec la société, un individu peut se trouver en position de conflit dans la mesure où il n'a pas suffisamment intériorisé les règles et les normes sociales qui doivent guider l'ensemble de ses actions.

► **Contrainte sociale :** les manières de penser, de sentir, d'agir exercent une « contrainte sociale » dans la mesure où elles se présentent à nous sous la forme de règles, normes, modèles de comportement dont nous devons nous inspirer pour guider notre action afin d'être acceptés dans la société dans laquelle nous vivons.

► **Institutions :** au sens sociologique, et en reprenant la définition de Marcel Mauss et de Paul Fauconnet, il s'agit d'un ensemble d'actes ou d'idées s'imposant plus ou moins aux individus. La famille, l'école, les religions sont des institutions dans la mesure où les individus apprennent à respecter les règles et les normes sociales nécessaires à la pérennité de la société.

► **Personnalité sociale :** notion qui souligne l'interdépendance entre l'individu et le système social ; la personnalité sociale correspond à l'intégration par un individu des valeurs, des normes et des comportements réclamés dans une société donnée.

I Le concept de contrôle social

1 Définition

■ Ensemble des processus par lesquels les membres d'un groupe ou d'une collectivité entraînent les acteurs sociaux à respecter et reproduire les modèles de comportements favorables aux valeurs et aux normes en vigueur.

■ La notion de contrôle social, traduite littéralement de l'anglais *social control*, correspond aux fonctions d'intégration sociale ou de régulation sociale. Il s'agit de mettre à jour les divers moyens qui assurent la pérennité de l'organisation sociale en permettant aux acteurs sociaux de répondre aux différentes attentes dont ils sont l'objet comme membres de leur société.

2 Contrôle social et attentes collectives

Le sociologue français Henri Mendras distingue trois types d'attentes qui s'imposent aux individus :

■ **Les attentes obligatoires** que l'on considèrent comme imprescriptibles. Leur non-respect est sanctionné par la loi comme, par exemple, le Code de la route.

■ **Les attentes nécessaires** qui relèvent d'une institution ou d'un groupe social particulier. On peut prendre l'exemple d'un salarié qui ne remplit pas le cahier des charges qui lui est imposé ou qui ne respecte pas le règlement intérieur de son entreprise. Même licencié par son employeur, il conserve sa position à l'intérieur du corps social.

■ **Les attentes facultatives** qui ne sont pas sanctionnées de façon autoritaire mais qui peuvent occasionner au contrevenant la désapprobation de son entourage. On peut citer les obligations liées à la courtoisie et à la politesse.

3 Contrôle social et relations inter-individuelles

■ C'est dans le cadre des relations interpersonnelles que l'on peut repérer l'influence du contrôle social. Les rapports sociaux sont fondés sur la réciprocité des attentes individuelles. Si dans le cadre du « jeu » social, l'un des partenaires ne répond pas aux attentes d'autrui, le rapport social risque de s'interrompre ou de se transformer en conflit. On peut illustrer cette idée par la relation qui unit les élèves d'une classe et leur professeur, ou le directeur de l'établissement face à l'ensemble des professeurs. Si le directeur est incompétent, si manifestement il ne remplit pas sa mission avec efficacité, il ne répond pas aux attentes que les professeurs sont en droit d'attendre de lui. Le directeur s'écarte du rôle qu'il est sensé jouer et risque d'être sanctionné. C'est par le biais de la conformité de notre jeu social, en égard aux rôles sociaux que nous sommes appelés à déployer, que se réalise le contrôle social.

■ Le contrôle social repose sur le fonctionnement d'institutions spécialisées (police, tribunaux, maisons d'arrêt) mais aussi sur la dynamique interne des groupes sociaux. L'intervention des agents répressifs n'intervient qu'en dernière instance, lorsque l'entreprise de socialisation n'a pût se réaliser de façon optimale. C'est dans le cadre des groupes primaires, tel la famille ou l'école, que les individus apprennent le mieux, sous le poids d'une contrainte modérée, les rôles réclamés par l'organisation sociale.

2 Contrôle social et sanctions

Sanctions positives et sanctions négatives

■ Dans toutes les sociétés, l'exercice du contrôl social passe par la définition et l'application d'un système de sanctions. Deux types de sanctions existent, obligeant les acteurs sociaux à suivre les règles de l'organisation : les sanctions positives (récompenses, promotion, distinctions) et les sanctions négatives (punitions, rétrogradation, réprobation).

■ Pour le sociologue québécois Guy Rocher, on peut définir quatre grands types de sanctions négatives :

- Les **sanctions physiques** étaient la règle commune dans les sociétés pré-industrielles (mutilations, supplices). Les sociétés industrielles en ont conservé certaines (emprisonnement, peine de mort).
- Les **sanctions économiques** semblent avoir remplacé les sanctions physiques dans les pays industrialisés. Les manquements aux règles sociales peuvent ainsi se traduire par des pénalités pécuniaires qui entravent le pouvoir d'achat du contrevenant et constituent une certaine privation de liberté dans la consommation. Le non-respect d'un article du Code de la route est, par exemple, sanctionné par une amende payable auprès du Trésor public, c'est-à-dire à l'État. D'un point de vue micro-sociologique, une retenue sur salaire, la stagnation à un poste subalterne, voire le licenciement, sont autant de sanctions économiques au service des employeurs.

• Le recours aux **sanctions religieuses** est surtout le fait de sociétés peu développées économiquement et dans lesquelles le pouvoir politique se confond avec le pouvoir spirituel. Ainsi dans l'ancienne France, l'Église catholique (religion d'État) possédait ses propres tribunaux sous la juridiction de l'évêque. Des sanctions étaient prononcées contre ceux qui s'écartaient de la doctrine officielle (excommunication, prison, peine de mort).

• Les **sanctions sociales** apparaissent surtout au niveau micro-sociologique (entreprises, unités de voisinage). Elles traduisent la désapprobation des membres du groupe auquel appartient l'individu. Il s'agit de signifier à ce dernier ses « écarts de conduite » par des moqueries, des plaisanteries qui viennent le marginaliser au sein du groupe.

3 Contrôle social et institutions

Le rôle des institutions

Le contrôl social est l'œuvre commune des institutions dont la fonction est d'intégrer l'individu à la collectivité. On retrouve les divers agents de socialisation.

■ La **famille** constitue la stucture de base de la société. Elle prépare l'enfant à son entrée dans le monde des adultes. C'est dans le cadre de la famille que l'enfant est, pour la première fois, confronté aux sanctions positives et négatives.

■ L'**école** renforce et développe l'apprentissage reçu dans le cadre familial. Elle diffuse des savoirs et savoir-faire nécessaires à l'insertion professionnelle des individus.

■ Les **religions** diffusent des valeurs et des normes qui permettent également l'intégration sociale. Souvent tournées vers les jeunes (scoutisme), les religions assurent une mission de contrôle social.

■ Dans les société rurales, l'**unité de voisinage** est une instance importante de contrôle social. Les individus, sous peine de sanctions sociales voire de marginalisation, ne peuvent se soustraire aux normes collectives, dans la mesure où leurs débordements seraient connus de l'ensemble des membres de la collectivité.

■ L'**entreprise** assure, par le respect des hiérarchies techniques fondées sur la division du travail et l'observation du réglement intérieur, l'intégration de l'individu dans son rôle professionnel.

■ L'**État** sanctionne les comportements déviants en faisant respecter les lois en vigueur (fonction répressive). Il assure parallèlement la distribution de distinctions méritocratiques telles les décorations (sanctions positives).

4 Conformité et déviance

1 La notion de conformité

La conformité est le processus d'adaptation (comportements, attitudes) de l'individu aux groupes sociaux ou à la société globale dont il dépend. La conformité désigne aussi le résultat de l'intégration de l'acteur social dans la mesure où il adopte les valeurs et les normes collectives. La conformité permet l'homogénéité de la société et s'oppose à la déviance.

2 Conformité et sociétés

■ Les valeurs et les normes varient avec l'évolution des sociétés. Dans les sociétés pré-industrielles (sociétés archaïques, sociétés traditionnelles) la marge de manœuvre accordée aux individus est extrêmement faible quant au respect des règle sociales. Dans les sociétés industrielles, une plus grande autonomie est laissée aux individus.

■ Durkheim oppose des sociétés où règne la **solidarité mécanique** (fondée sur la ressemblance, l'individu est obligé de se référer d'une façon stricte aux comportements des autres individus) à des sociétés relevant de la **solidarité organique** (fondée sur la division du travail).

3 La notion de déviance

La déviance caractérise les comportement qui s'écartent des normes collectives d'un groupe ou de la société globale. Ces écarts par rapport aux normes sont le plus souvent sanctionnés dans la mesure où ils remettent en cause l'homogénéité sociale. Selon Durkheim, les phénomènes de déviance correspondent à une « blessure de la conscience collective ».

4 Déviance et sociétés

L'évolution des sociétés se traduit par des modifications des système de valeurs et de normes imposés aux acteurs sociaux. Ce qui est condamnable dans une société particulière ne le sera pas forcément dans une autre. Ainsi, le divorce était interdit dans la société française de l'Ancien Régime car contraire aux valeurs de la religion catholique ; il a été légalisé par la Révolution française.

5 Déviance et groupes sociaux

■ La diversité des groupes sociaux dans les sociétés industrielles avancées se traduit parfois par des oppositions entre la culture dominante (société globale) et les **sous-cultures** de groupes (classe d'âge, classes sociales). Certains individus sont ainsi confrontés à plusieurs systèmes de valeurs et de normes différents.

■ Les sociologues de l'école de Chicago expliquent ainsi la délinquance juvénile. Les adolescents des classes populaires se trouvent partagés entre, d'une part, les valeurs traditionnelles véhiculées par leur famille et le système d'enseignement et, d'aure part, les valeurs et normes des « bandes de jeunes » s'opposant aux **normes dominantes** de la société américaine. Suivant le rapport de force qui s'établit pour chaque individu entre chacune de ces influences, on assistera soit à une **intégration** réussie, soit à une **marginalisation sociale**.

Taux de criminalité de 1950 à 1995 (atteintes aux personnes, vols, recels, total [a])

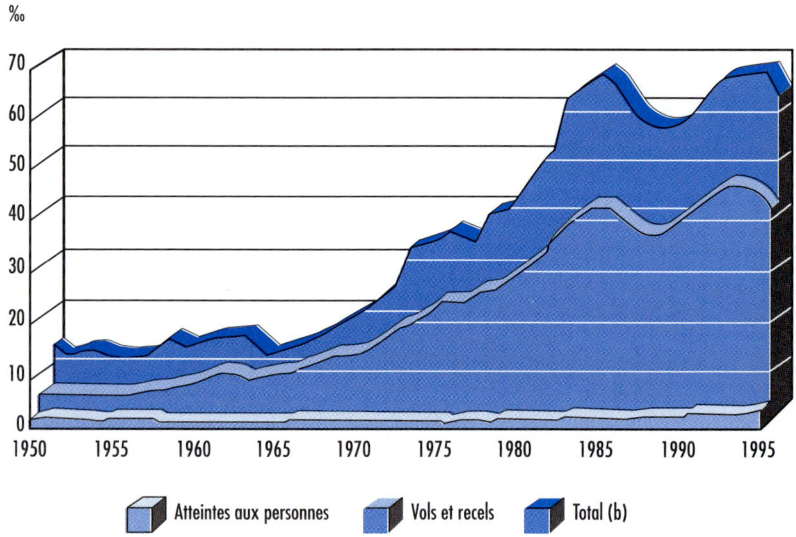

(a) Le taux de criminalité est le nombre d'infractions commises pour 1 000 habitants.
(b) Le total comprend l'ensemble des crimes et délits comptabilisés dans l'année et dépasse ainsi le cumul des taux de vols et des atteintes aux personnes.

Source : Les Cahiers français n° 281, mai-juin 1997.

PIÈGES ET DIFFICULTÉS

Le concept d'anomie

■ Pour Durkheim, l'anomie (du grec *a*, sans et *nomos*, loi) se caractérise par un état de la société dans lequel il existe un **dérèglement du système de valeurs**. Les individus ne bénéficient plus d'un système suffisamment cohérent pour orienter leurs comportements. Les mutations économiques (industrialisation, crises économiques), se traduisent souvent par une situation anomique. Les acteurs sociaux se retrouvent face à des **normes contradictoires**.

■ Pour **Robert King Merton**, sociologue américain contemporain, l'anomie révèle une contradiction entre les buts proposés aux individus et les moyens qui leur permettent de les atteindre. Ainsi, un système d'enseignement démocratique permet en théorie la promotion sociale. Seulement, certains individus, en l'absence de l'ensemble des ressources nécessaires (capital économique ou capital social), n'accéderont pas aux postes convoités. La situation d'anomie peut conduire à **l'adoption de comportements déviants**.

FAIRE LE POINT

Choisissez la (ou les) bonne(s) réponse(s)

1. La conformité désigne :
- **a** - l'adoption des comportements sociaux d'une société donnée.
- **b** - un phénomène particulier de déviance.
- **a** - l'intégration de l'acteur social dans son groupe d'appartenance.

2. L'anomie est un phénomène social qui caractérise :
- **a** - des bouleversements dans le système des valeurs.
- **b** - une trop grande conformité aux normes en vigueur.
- **c** - l'apparition d'actes déviants.

Construisez une réponse rapide aux questions suivantes

3. Qu'est-ce que le contrôle social ?

4. En quoi les sanctions négatives sont-elles indispensables à toute société ?

5. Quel est le rôle des attentes sociales ?

6. En quoi les « bandes de jeunes » constituent-elles un lieu de reproduction de la déviance ?

Répondez vrai ou faux

7. Les attentes facultatives ne sont pas sanctionnées par la loi.

8. Les sanctions physiques ont disparu dans les pays développés.

9. L'État n'est jamais à l'origine de sanctions positives.

10. L'entreprise est une institution de contrôle social.

CORRIGÉS

1. **a, c.** **2.** **a.** **3.** Voir page 132. **4.** Voir page 133. **5.** Voir page 132. **6.** Voir page 136. **7.** Vrai. **8.** Faux. **9.** Faux. **10.** Faux.

Annexes

Les grands courants de la pensée économique

Les mercantilistes (XVe siècle - milieu du XVIIIe siècle)

■ Pour les mercantilistes, la richesse des nations découle de son stock de métaux précieux (monnaies d'or et d'argent). L'État, c'est-à-dire le Prince au XVIe siècle, doit ainsi favoriser les activités économiques, notamment le commerce qui permet aux nations d'obtenir des entrées d'or à partir du solde positif du commerce extérieur.

■ Parmi les mercantilistes célèbres, on peut citer les Français Jean Bodin (1530-1596) et Antoine de Montchrestien (1575-1621) à qui on doit le premier « Traité d'économie politique » (1615). Un autre mercantiliste est resté célèbre, Jean-Baptiste Colbert (1619-1683), ministre de Louis XIV, qui fut à l'origine d'une politique industrielle active, notamment par l'augmentation des droits de douanes et le création de nombreuses manufactures.

Les Physiocrates (milieu du XVIIIe siècle)

■ École libérale française dont la doctrine s'oppose au mercantilisme. Elle réunit principalement François Quesnay, médecin de Madame de Pompadour, Mirabeau, Dupont de Nemours et Le Mercier de la Rivière.

■ Selon l'école physiocratique (étymologiquement, pouvoir de la nature), il faut laisser faire l'ordre naturel ; l'État ne doit pas intervenir dans la vie économique. La richesse n'est plus liée à l'or mais au travail, notamment celui de la classe productive, c'est-à-dire les agriculteurs. François Quesnay est l'un des premiers économistes à représenter l'activité économique sous la forme d'un circuit.

Les économistes classiques (1770-1870)

La doctrine classique préconise la régulation naturelle de l'économie par les mécanismes spontanés du marché. Il convient de laisser faire le marché, et d'attribuer à l'État, les mission de gendarme de la société civile. Les classiques sont également libre échangistes ; ils se montrent favorables au commerce international. Parmi les grandes figures de l'école classique, on peut noter :

Adam Smith (1723-1790)

Auteur de *Recherche sur la nature et les causes de la richesse des nations* (1776), qui associe l'augmentation des biens économiques à la division du travail dans l'entreprise et dans l'économie nationale. Il montre que sur un marché libre de toutes interventions publiques, l'intérêt individuel coïncide avec l'intérêt collectif : c'est le principe de la main invisible.

Thomas Robert Malthus (1766-1834)

Pasteur de son état, qui est à l'origine d'une loi qui met en relation la croissance de la population et la croissance économique. Pour Malthus, la population s'accroît en proportion géométrique (1, 2, 4, 8, 16, etc.), alors que les subsistances n'augmentent qu'en proportion arithmétique (1, 2, 3, 4, 5, etc.). L'humanité est donc condamnée à la misère à moins que, par la contrainte morale (abstinence sexuelle), les classes les moins favorisées cessent de procréer. Cette vision de l'équilibre démo économique sera contestée par Marx.

David Ricardo (1772-1823)

Il est le grand théoricien du libéralisme économique. Il reprend la théorie de la valeur de Smith, en montrant que la valeur d'un bien est déterminée à la fois par le temps de travail et aussi par la valeur des outils utilisés dans la production. Il propose une théorie des échanges internationaux fondée sur les avantages réciproques que chaque nation retire de son commerce extérieur.

Jean-Baptiste Say (1767-1832)

Il est le principal représentant de l'école classique française. Il souligne le rôle de l'entrepreneur dans l'activité productive, et formule la célèbre loi des débouchés. La création d'un produit crée, en même temps, une diffusion de revenus (salaires, profits, taxes), qui permet aux consommateurs de racheter la production.

Karl Marx (1818-1883)

Marx fut à la fois philosophe, historien, sociologue et économiste. Il reprend l'héritage des classiques anglais en soulignant les rapports d'exploitation qui apparaissent dans le mode de production capitaliste.

■ Dans un système d'entreprise où le capital appartient à des personnes privées, les ouvriers sont embauchés en fonction du prix courant du travail ; celui-ci est déterminé par le jeu de l'offre et de la demande. Seulement, les travailleurs peuvent, en une journée de travail, être à l'origine d'une production d'une valeur supérieure au prix de la journée de travail payé par le capitalistes. Cette différence, appelée plus-value, souligne l'exploitation des forces du travail par les propriétaires du capital.

■ Marx explique l'évolution historique et le changement politique et social par la lutte des classes. L'opposition d'intérêt entre la bourgeoisie et le prolétariat doit aboutir à la révolution qui assurera l'apparition du socialisme, la disparition de la propriété privée et des classes sociales.

Les économistes néo-classiques (1870-1930)

■ Les économistes néo-classiques remettent en cause la théorie de la valeur travail. Pour eux, la valeur est fonction de l'utilité de la dernière unité d'un bien ou d'un service : c'est le principe de **l'utilité marginale**. Dans un monde forcément assujetti à la rareté, c'est le coût de la dernière unité d'un produit qui en détermine sa valeur. L'économiste français Léon Walras (1834-1910) est l'un des principaux représentants de cette école.

■ Les représentants de l'école néo-classique s'en remettent, pour la régulation de l'activité économique, au mécanismes des prix sur le marché. Les prix, issus du rapport entre les quantités offertes et les quantités demandées, assurent l'équilibre économique et le plein emploi. L'État doit s'abstenir d'intervenir dans l'économie, et laisser faire le marché. En cela, les néo-classiques appartiennent au courant libéral.

John Maynard Keynes (1883-1946)

■ Keynes est considéré comme l'un des plus grands économistes du XXe siècle. La mise en pratique des théories de Keynes a permis de maintenir le plein emploi et de favoriser la croissance économique durant les Trente Glorieuses (1945-1975). Il est l'auteur du *Traité sur la monnaie* (1930), et surtout, de la *Théorie générale de l'emploi, de l'intérêt et de la monnaie* (1936).

■ Contrairement aux économistes néo-classiques, non-interventionnistes par doctrine, Keynes préconise l'intervention de l'État en période de crise économique. Il est à l'origine d'un vaste schéma où le chômage est appréhendé comme le produit d'une insuffisance de la demande des particuliers en biens de consommation, et des entreprises en biens de production.

Après Keynes

■ Un certain nombre d'économistes, comme l'Américain Paul-Anthony Samuelson, vont s'efforcer de concilier les enseignements des économistes néo-classiques et la doctrine keynésienne. On parlera alors d'école de la synthèse.

■ L'augmentation du chômage et de l'inflation générée par le premier choc pétrolier (1973-1974), les échecs des politiques économiques pour restaurer les grands équilibres allaient entraîner l'abandon des politiques économiques d'inspiration keynésienne. Un certain nombre d'économistes, notamment anglo-saxons, en profitèrent pour remettre au goût du jour la doctrine libérale. Ils préconisent un retour à l'économie de marché par la réduction de l'emprise de l'État, notamment en matière fiscale. Les économistes néo-libéraux allaient, dans les années 1980, avoir une grande influence sur les politiques de Ronald Reagan, aux États-Unis, et de Margaret Thatcher en Grande-Bretagne.

■ Enfin, des économistes, qualifiés d'hétérodoxes, appréhendent les phénomènes économiques en dehors des visions traditionnelles (libérale, marxiste et keynésienne). On peut citer les travaux de John Kenneth Galbraith, aux États-Unis, qui stigmatise le pouvoir des grandes firmes par rapport au marché, et le pouvoir compensateur des syndicats de salariés et des associations de consommateurs. En France, les recherches de François Perroux soulignent les rapports de domination dans le cadre des relations économiques internationales, notamment entre les pays industrialisés et les pays en développement.

Les grands courants de la pensée sociologique

Les fondateurs de la sociologie (début du XIXe siècle)

Charles de Secondat de Montesquieu (1689-1755)
Dans *De l'esprit des lois* (1748), il souligne la nécessité d'aborder avec objectivité le monde social : « de décrire ce qui est, non ce qui doit être ». Il montre que les lois des hommes sont en fait déterminées par un grand nombre de variables (taille de la population, climat, organisation politique, etc.).

Auguste Comte (1798-1842)
Il « invente » le terme de sociologie après avoir dans un premier temps emprunté à Hobbes celui de « physique sociale ». Dans son *Cours de philosophie positive* (1830-1842), il écrit : « J'entends par physique sociale, la science qui a pour objet propre l'étude des phénomènes sociaux. » Il posait déjà comme base méthodologique la nécessité d'appréhender les faits sociaux comme s'il s'agissait d'objets physiques en refusant toute considération morale ou politique à l'égard des faits observés.

Alexis Clérel de Tocqueville (1805-1859)
Dans *De la Démocratie en Amérique* (1835-1840) et dans *L'Ancien Régime et la Révolution* (1856), il fait œuvre de sociologie comparative en construisant « un modèle » de société démocratique pour rendre compte des différences entre l'Europe et les États-Unis. Il procède de la même démarche dans son étude sur les structures socio-politiques françaises avant et après la révolution de 1789.

Karl Marx (1818-1883)
Son œuvre touche tous les domaines des sciences sociales (philosophie politique, histoire, économie politique). Marx utilise le concept de

classes sociales et explique la dynamique des sociétés par la lutte des classes. L'auteur du *Capital* (1867-1894) pense que le capitalisme est appelé à s'effondrer sous le poids de ses contradictions. L'avènement du socialisme supérieur ou communiste doit aboutir à la disparition des classes sociales.

Les sociologues classiques (fin XIXe siècle)

Émile Durkheim (1858-1917)

Il est considéré comme le père de la sociologie française. Son projet consiste à faire de la sociologie une discipline à part entière afin quelle soit reconnue et enseignée au sein de l'université. Dans *Les Règles de la méthode sociologique* (1895), il définit les principes méthodologiques qui conduisent à l'analyse sociologique : « les faits sociaux doivent être considérés comme des choses ». Il marque la spécificité du social dans *Le Suicide* (1897) et analyse le changement social par l'évolution des types de solidarité.

Max Weber (1864-1920)

Il s'oppose à la fois au marxisme, dont il dénonce le déterminisme économique, et à la méthode durkheimienne. Il est à l'origine du retour de l'acteur et l'un des premiers à œuvrer dans le sens de l'individualisme méthodologique. Il dote la sociologie d'un instrument original, l'idéal-type, qui lui permettra dans *L'Éthique protestante et l'esprit du capitalisme* (1905) de mettre en relation la diffusion de la morale calviniste et la naissance du capitalisme moderne.

La sociologie au XXe siècle

L'école de Chicago

Elle s'est développée dans les années 1920 et s'est fait connaître par des travaux d'écologie urbaine fondés sur la réunion de matériels ethnographiques tirés d'enquêtes empiriques. Les sociologues de l'école de Chicago étudient la ville moderne en tant que système d'interaction et souvent facteur d'affaiblissement du lien social. Ils ont été amenés à s'intéresser aux phénomènes d'immigration, de marginalité et de délinquance comme en témoigne *The Hobo* de Nels Anderson (1923) ou *The Gang de Thrasher* (1927).

Le culturalisme

Il s'est développé dans les années 1930 et touche à la fois l'anthropologie et la sociologie. L'accent est mis sur la relativité des phénomènes culturels. Les comportements humains sont liés au processus de socialisation qui permet l'adaptation des individus à la culture dont ils dépendent. Ainsi, Margaret Mead dans *Mœurs et sexualité en Océanie* (1928-1935) montre que la personnalité attachée à chaque sexe ainsi que les caractères masculins et féminins sont davantage générés par les impulsions culturelles que par les données physiologiques. Ralph Linton dans *The study of man* (1936) insistera sur la détermination des statuts individuels et des rôles qui les accompagnent par la prégnance des phénomènes culturels.

Les sociologues français contemporains

Pierre Bourdieu (né en 1930)
Sociologue de l'éducation et de la culture, il développe une théorie générale des pratiques sociales qui souligne les déterminismes de classes et les rapports de domination des classes dominantes sur les autres composantes du corps social.

Raymond Boudon (né en 1934)
Membre de l'Institut, il analyse les faits sociaux comme résultants de l'agrégation des comportements individuels. Dans de nombreux ouvrages, notamment dans *L'Inégalité des chances* (1973), il rend compte des rapports entre le système d'enseignement et la société globale par le recours au concept d'effets pervers.

Michel Crozier (né en 1922)
Spécialiste français de la sociologie des organisations, et influencé par l'héritage weberien et par la sociologie américaine, il insiste sur les dysfonctions inhérentes aux organisations fondées sur le modèle bureaucratique notamment dans *Le Phénomène bureaucratique* (1964) ou *La Société bloquée* (1970).

Alain Touraine (né en 1925)
Il a principalement étudié les mouvements sociaux. Ses travaux sont centrés sur l'évolution historique des conflits rattachée aux structures de la société globale. Il montre dans *La Société post-industrielle* (1969) comment les conflits traditionnels, opposant le travail au capital, ont laissé la place à de nouvelles formes de conflits et à de nouveaux mouvements sociaux.

Index des notions

A

B

C

D

E

F

G

N

O

P

R

S

T

V

Index des auteurs

A

B

C

D

F

G

H

K

L

M

N

P

Remerciements

Nous remerçions, pour leur autorisation à reproduire des textes issus de leurs fonds, les éditeurs suivants :

L'Économique, Paul Anthony Samuelson, © Éditions Armand Colin, 1972 : p. 18 ; *Les Hiérarchies sociales de 1450 à nos jours*, Roland Mousnier, © PUF, 1969 : p. 47 ; schéma extrait de *Raisons pratiques. Sur la théorie de l'action*, Pierre Bourdieu, © Éditions du Seuil, 1994 : p. 52 ; *La Distinction*, Pierre Bourdieu, © Les Éditions de Minuit, 1979 : p. 53 ; *Droit constitutionnel et institutions politiques*, Tome 1 (4e édition), Charles Cadoux, © Éditions Cujas, 1995 : p. 72 ; Tableau sur les différents niveaux de l'action publique, © Alternatives Économiques, Hors-série n° 48, 2e trim. 2001 : p. 121.

Achevé d'imprimer sur les presses de

LTV

LA TIPOGRAFICA VARESE
Società per Azioni

Italie

Dépôt légal n° 11594 - Avril 2001